JN079860

ガバナンスと評価 **5**

政策評価の行政学

──制度運用の理論と分析──

南島 和久 著

晃洋書房

は じ め に

　本書は，行政学の分野から，日本における政策評価制度について論じるものである．

　行政学は，行政のあり方を研究対象とする政治学の一分野である．政治学は民主的価値を重視する．そのなかにあって行政学は，とくに政府部内の組織活動を対象とし，さらに能率的価値についてもコミットメントする．

　日本に政策評価制度が導入されてから，すでに四半世紀の時間が経過しようとしている．この間，日本の財政は悪化の一途をたどり続けてきた．こうした状況を前に，日本の政策評価制度は能率的価値へと接近し，行政活動の縮減や効率化の推進とともにその歴史を刻んできた．「はたしてそれでよかったのか」という点はさておき，である．

　現状の日本の政策評価制度は，諸外国に比べて完成度が高いものであるとはいえない．日本の政策評価制度には，依然として改善の余地は多く残されており，諸外国に学ぶべきこともたくさんある．もちろん，多くの人々がこの制度にかかわり，長い時間をかけて努力が積み重ねられてきたことはいうまでもない．これからも積み重ねられるであろうそれらの努力が，できるだけ実りあるものであるためには何が必要なのか．筆者のなかにある問題関心はこれである．

　政策評価の完成形をどのような形で思い描くのか．この問いに向い合うとき，そもそも政策評価制度なるもののイメージが，関係者間で十分に共有されていないことに気がつくだろう．政策評価制度の関係者の間には，いってみればある種の断層のようなものがみられる．この断層は，政治と行政との間，実務家と研究者との間，研究者と研究者との間に，いくつも横たわっている．そしてこれらの断層は，相互不信や混乱の温床になってしまっている．本書は，このような断層を，観察しようとする．

　あらゆる研究の基礎は，多くの人々の議論を蓄積することにある．しかし，政策評価をめぐる幾重もの断層は，こうした蓄積の障害となっている．分裂し，錯綜する言説の狭間にあって政策評価制度のうえに展開する議論を蓄積しうるフレームワークはないものか．本書が提示する枠組みは，この問いに対する筆者なりの回答である．

　本書では，政策評価をめぐる4つの発話主体を識別し，それらの織りなす言説空間を描き出そうとしている．それらの言説は，ときに相互にすれ違い，ときにぶつかりあう．それは，政府の外部から近づきがたい，行政の奥座敷において展開するドラマとなる．

　行政学は，このような意味でのドラマをある種のパターンとして認識しようとする努力を払ってきた学問分野である．そのパターンは，組織間のセクショナリズムとして顕在化するものであったり，行政文化と呼ばれたりしてきた．このドラマはナラティブな説明は可能であるものの，実証的な研究対象とすることが難しい．本書が制度運用の理論とよぶ道具立てで分析を試みようとしているのは，このような行政の奥座敷の世界である．

　ところで，この行政の奥座敷と民主的価値の議論はどうかかわるのか．現代政府においては，質・量ともに厖大な規模となった政策の民主的なコントロールが課題となる．だが，民主的価値とこの行政の奥座敷との距離は大きく乖離する．政策の民主的コントールに近づくためにもわれわれは，自らが向き合っている対象についてもっとよく知らなければならない．政策評価には，そのための道具となることが期待される．

　本書は，このような意味において行政活動や政策評価制度をよく知るための一助となることを目指すものである．

　2020年1月

南　島　和　久

目　次

第Ⅱ部　政策評価の設計と運用

第 I 部　政策評価の歴史と定義

第 1 章 制度運用の行政学

　本書の研究目的は，2001年の中央省庁等改革後の国の府省の政策評価制度の全体像を素描したうえで，政策評価を適切にとりまわしていくための視座を構築することにある．

　公的部門において導入されている政策評価とは何か．これに定義を与えるならば，プログラムとしての行政活動を対象とし，このプログラムにかかる情報を整理しようとするものであるということができるだろう．

　政策評価制度登場以前においては，「プログラムとしての行政活動」は，必ずしも十分に可視化されたものとはなっていなかった．政策評価制度の登場の意義は，「プログラムとしての行政活動」を可能なかぎり可視化し，従来以上の行政の透明性を政府に求めるところにこそある．

　政策評価が自治体においてブームとなったのは1990年代後半であった．その後，国の府省においても，2001年1月6日の中央省庁等改革の際に政策評価制度が導入されることとなった．さらにその半年後，行政機関が行う政策の評価に関する法律（平成13年法律第86号．以下「政策評価法」という．）が登場した．日本における行政機関の政策評価は，本格的な制度運用の時代を迎えたのである．

　公的部門に組み込まれた政策評価は，時間の経過とともに，その内容の高度化や機能の発揮が求められるようになった．一方では，政策効果の定量的把握やこれを基礎としたより高次の政策分析の可能性が唱導されていった．他方では，予算縮減や節約の可能性が問われていった．さらには，より有意な政策提言のあり方も模索されてきた．そのすべてに応えることができるシステムなど

あるはずもないにもかかわらず，である．

　政策評価制度の本格的な運用がはじまると，ほどなく当初の理想と実際の現実とのギャップから，幻滅論が聞こえるようになった．制度は導入したものの，「期待していた効果が発揮されていないのではないか」というのである．政策評価の制度運用段階では，「評価疲れ」ということがいわれるようになってひさしい．この言葉は制度運用の軋みを象徴するものといえるだろう．

＋ 1．研究の意義

　本書は，行政学から政策評価制度に接近するものである．その中心にあるのは「制度」をめぐる議論である．制度論は大別して「制度設計論」と「制度運用論」とがある．

　制度設計論は政策・制度のデザインを論じる規範性の高い議論である．西尾勝［1999a：1］は制度設計について，「制度改革は，言説（思想）の段階 → 改革手法（戦略）の段階 → 改革方策（戦術）の段階を経て実現する」と述べている．西尾によれば，制度改革には，言説（思想），「改革手法」（戦略），「改革方策」（戦術）の３つの段階があるという．このなかで西尾は，一般に「制度設計」といわれるものは，これらのうちの「改革手法」（戦略）および「改革方策」（戦略）であるとしている．そして，その前提の位置にあるのが改革の必要性を説く「言説」（思想）の蓄積と広がりであるという．

　政策評価をめぐる諸学説の多くは，この制度設計論に傾斜するものであった．そこに含まれていたのは，「改革手法」（戦略）と「改革方策」（戦術）であった．具体的には，政策評価のデザイン論や評価手法論がこれに該当していた．そこでは主として，そのメリットや意義を強調する議論が蓄積されてきた．

　こうした制度設計論に対し本書は，制度化後の段階，すなわち，「制度運用論」を提起するものである．制度運用の段階を論じるためには，制度導入後の行政実務の世界で一体何が起きたのか，あるいは制度が具体的にどのようにと

りまわされているのかを可視化していかなければならない.

　本書のいう制度運用論は, 行政実態の解明を主たる研究主題とする行政学にとって, 核心的なテーマであるといえる. ただし, 行政実務の実際について研究者が接触する機会は, それほど多いわけではない.

　これまで行政実務の実態解明については, もっぱら実務家の言説に頼ることが多かった. また, 行政実務の実態に迫るために, 実証主義的な調査手法が駆使されたり, 審議会等の議事録分析が手がけられたりしてきた. しかしそれらは行政実務の日常からは一定の距離のある, 非日常的なものであるという意味において制約があった.

　ここで, 行政学における本研究の位置を素描しよう. 西尾勝は, 行政学には「制度」「管理」「政策」の3つの次元があることを指摘している [西尾勝 2001：50-1]. ここで,「制度学」について, すでに触れた「制度設計論」「制度運用論」の2つを識別し, のこる「管理論」と「政策論」を掛け合わせてみよう. そうすると, 図1-1のような4つの領域がうかびあがってくる.

╂ 2.　行政学の4つの領域

　図1-1の左上の領域は, 個別の政策分野の設計論である. 政策とは「問題解決の手法」[松下 1991：36] であるとか, 行政の「活動の案」[西尾勝 1995：40] などといわれる. これまでの政策に関しては, いかなる問題をどのように解決するべきかをめぐって, あるいはどのような解決策がデザインされたのかをめぐって, さらにはいかなる意思決定が行われているのかをめぐって, 研究が蓄積されてきた.

　図1-1の右上の領域は, 行政学の政策実施の研究領域である. 政策実施研究は, アメリカでは1970年代以降, 日本では第二次臨時行政調査会以降に顕著となってきた [参照, 今村 1997：243-278；279-299；真山 1994；森田 1988；大橋編 2010]. 従来, 政府部内の政策実施過程は, 政治の決定に基づく機械的な執行

	制度設計	制度運用
政策論	政策・制度の設計に関わる議論（政策型思考，政策分析，制度設計論，意思決定論など）	政策・制度の運用に関わる議論（政策研究，政策実施過程研究，第一線職員論，ガバナンス論など）
管理論	管理・制度の設計に関わる議論（制度設計論，行政管理論，意思決定論，総合調整論，エージェンシー理論など）	管理・制度の運用に関わる議論（行政管理論，政策管理論，実態・実証分析，政府部内規制論など）

図1‐1   制度・管理・政策の構図

出典：筆者作成.

過程であるとみなされ，十分に省みられることのない領域であるとされてきた．アプローチは異なるが，いわゆる第一線職員研究もこの領域に含めて考えることができる［参照，畠山 1989；Lipsky 1980］．近年ではガバナンス論などとともに，執行過程の外部化や行政の守備範囲の見直しが注目され，あらためて注目が集まっている領域でもある［参照，日本行政学会 2004；自治体学会 2004；Rhodes 1997］．

　図1‐1の下側の領域は行政学のもう1つの伝統である行政組織の管理に関係している．ここには，「行政改革」「行政管理」「総合調整」の議論が含まれている［参照，牧原 2009］．この管理・制度の領域は20世紀最終四半期から世紀転換期にかけて活性化してきた．右肩上がりの時代から経済停滞・低成長の時代となり，公的部門でもその拡大路線を抑制するための様々なシカケが求められるようになったからである．そこにはNPM（New Public Management）や公共サービス改革とよばれるものが含まれている［参照，山谷編 2010；武藤編 2014］．

　図1‐1の左下の領域は管理・制度の設計論である．この領域では個別の管理手法の設計論議が登場する．行政学では，規制緩和や民営化にはじまり，情報公開制度，行政手続制度，電子政府，公務員制度，財務会計制度，独立行政法人制度，そして政策評価制度などの諸制度の設計論議が欧米の経験をふまえつつ蓄積されてきた．とくに世紀転換期以降は管理・制度の設計論議が活況を

呈するようになり，経済学等の知見を吸収しつつ，今日の行政研究に花を添えるようになっているところである．

そして，図1-1の最後に残されたのが右下の領域である．ここが，本書が取り扱う制度運用論の領域，すなわち管理・制度の制度運用論である．これまで，個々の管理・制度の制度運用の実態については，十分に明らかにされてきたとはいえない．その主因は，行政の詳細な内部構造が研究者にとってはブラック・ボックスであったことにある．そして，このブラック・ボックスの中身は，従来，行政実務家によって，あるいは審議会に参加した研究者によって，その一部が断片的に紹介されるにとどまっていた．

本書は，この最後の管理・制度の制度運用論に焦点を絞り，その一例として，政策評価制度の運用段階の解明を試みる．その際の方法論として本書が採用する研究手法は，構成主義的アプローチである．その内容については，政策評価制度の全体像を明らかにしたうえで，本書の第9章において明らかにする．

┼ 3．本書の構成

政策評価の全体像を素描する，あるいは政策評価を適切にとりまわしていくための視座を構築するために本書は3つの部と9つの章を立てている．

第2章では，日本の政策評価制度のモデルの1つとなったアメリカ連邦政府において導入されてきた3つの評価制度，すなわち，PPBS，GAOのプログラム評価，GPRAについて概観する．これら3つの政策評価制度は，それぞれ異なる時代，そして異なる意図の下に制度化されたものである．ただし，それらはいずれも究極的には「合理的な政策」のあり方を求めるものであった．このアメリカの政策評価の動向は，日本の政策評価制度が確立していくプロセスにおいておおいに参考とされたものである．

第3章では，3つの政策評価制度のうちのGPRAに焦点を当て，その制度運用をふまえた改革論議に迫る．GPRAはオバマ政権時に大幅に改革された．

その改革の論点をワシントンでの取材経験等をふまえて内在的に明らかにする. この議論は, アメリカの GPRA を参照しつつ形成されてきた日本の政策評価にとっても重要な知見をもたらしてくれるだろう.

　第 4 章ではあらためて「政策評価とは何か」にかかる定義問題を取り扱う. とくに後段の議論を念頭におきつつ, 政策評価の概念を構成する理念型について検討を行う. 本書では, 第 1 章から第 4 章までを第 I 部として括っている.

　第 5 章では, 日本の政策評価制度の設計段階を概観する. 政策評価制度は, 中央省庁等改革とともに登場するが, 一方でそれは政府の信頼の回復, あるいは透明性の確保策として, 他方でその中心となる総務省の設置論議として登場したものであった. しかし, いかなる機能を発揮することが政策評価制度に求められているのか, あるいは政策評価制度をいかなる機能を有するものと考えるのかという問題については, 十分に煮詰められてこなかったといわなければならない. この問題は, 実際に政策評価が導入された後の制度運用段階における混乱の温床ともなる.

　第 6 章では, 政策評価制度の各省の運用状況を論じる. 政策評価制度は各府省のなかで具体的にどのように運用されているのかを明らかにするのがこの章の位置付けである. 政策評価の制度運用を論じるためには, 具体的な各府省内部での政策評価の作動様式の描写が不可欠である.

　第 7 章では, 各府省の政策評価活動に対するチェック活動を論じる. 政策評価制度発足の当初, 総務省は各府省の行った政策評価の結果に対し, これを外部から監視する客観性担保評価活動を積極的に行っていた. この客観性担保評価の活動は各府省の政策評価の手続面や内容面について検証を行い, 政策評価の質の向上を図ろうとするものであった. そこには, 「政策の論理」と「評価の論理」の乖離をうかがうことができる.

　第 8 章では, 「政策の論理」と「評価の論理」の乖離を具体的に論じる. この章で事例として扱うのは, 政策評価導入直後の政府開発援助 (ODA) の有償資金協力にかかる「未着手・未了評価」である. 政策評価法上の「未着手・未

了評価」はそもそも公共事業の抑制を目指すためのものであった．しかしそれは，有償資金協力にとって距離がある議論でしかなかった．本書では第5章から第8章までを第Ⅱ部として括っている．

　第9章は，本書の終章として，単体で第Ⅲ部を構成するものである．第9章では，あらためて「政策評価制度とは何か」という問題と向き合い，この問題を理論的に検討する．その枠組みは文化人類学者 M. ダグラス [Douglas 1970] によって定式化されたグリッド／グループ文化理論（Grid/Group Cultural Theory）を応用するものである．同理論は，2000年代前半に，C. フッドを中心とする論者が再構成し [Hood 1998；Hood *et al.* 1999；Hood *et al.* 2001]，行政活動の国際比較分析枠組みとして利用したものである．本章では，このフッドの所説に依拠しつつ，政策評価をコントロールの体系と見立て，その運用段階で錯綜する言説を整理・分析し，それぞれの論理構造と相互の距離を内在的に明らかにする．さらに，ここで提供された視座をもって，政策評価制度をめぐる言説の見取図を手にすることが，本書の到達点である．

注
1）　本書では制度運用の概念を以下のように捉えている．まず，「制度構想の段階」では，思想レベルまでを含めた言説の蓄積が進行する．つぎに，一定の言説の蓄積と何らかの契機（政治的な契機を含む）の結節点に，「制度設計の段階」が登場する．最後にこの制度が作動する段階として，「制度運用の段階」を捉える．「制度構想の段階」や「制度設計の段階」の矛盾が十分に解決されていないと，「制度運用の段階」では，その矛盾が噴出し，様々な主体の言説が混乱にまみれることとなる．場合によっては，制度の破綻も囁かれたり，さらなる制度改革が必要とされたりする．なお，制度運用のアイデアはプレスマンとウイルダフスキーの『政策実施』[Pressman and Wildavsky 1984] を嚆矢とする．これらは一括して「政策実施研究」とよばれている．本書も政策評価の 'Implementation' を研究対象とするので，「政策評価の実施過程」ということもできそうである．しかし，政策実施研究が個別政策分野についていわれるものであり，管理制度については同じ用語法はなじまないものと考え，本書では「制度運用」という用語法を採用している．

第2章 米国の評価制度の経験

　「政策評価とは何か」と問われるとき，まず何のために政策評価を用いるのかという目的が語られなければならない．いかなる機能が期待されているのかが明確にされない場合，概念はその輪郭をうしなうからである．

　何のための政策評価か，政策評価にいかなる機能を期待するのかは，容易に答えることができない厄介な問題である．この問題の前には，誰が誰に期待するかという「主体」の議論があるし，何に対していかなる効果を期待するかという「対象」と「方法」の議論がある．これらの前提が明らかでないのであれば，具体的な制度の機能について論じることは困難なものとなる．

　1990年代の後半以降，日本で政策評価論が「運動」としてもりあがることができたのは，この前提を不問としていたから，あるいは，いかなる期待であっても吸収できるほどに政策評価の概念を曖昧にしていたからである．

　本章では，「政策評価とは何か」を素描するために制度経験を出発点とする．参照する制度経験は，アメリカ合衆国連邦政府の政策評価制度である．これを振り返ることで，そもそも政策評価がどのような期待を背負っていたのかを明らかにできるだろう．

┼ 1．アメリカの3つの政策評価制度

　アメリカ合衆国連邦政府の政策評価史については，以下の3つの制度が重要である．第1に PPBS (Planning, Programming, and Budgeting System) である．

第 2 に GAO（GAO: General Accounting Office（1921〜2004）/Government Accountabil-ity Office（2004〜[1]））のプログラム評価である．第 3 に GPRA（Government Per-formance and Results Act, 1993）である．

　第 1 に PPBS についてである．PPBS とは，‘Planning, Programming, and Budgeting System’の頭文字を取った略語であり，日本では「計画事業予算制度」「企画計画予算制度」「計画管理予算制度」などと訳されている．PPBS は，1960年代の政府予算を合理的な政策決定の下におこうとする野心的な試みであったといわれている．

　宮川公男［1994：69-73］によれば，PPBS は応用数学者，技術者，オペレーションズ・リサーチの研究者，システムズ・アナリストらの，いわゆる「政策分析学派」に由来するという．PPBS は J. F. ケネディ政権時の国防長官，R. マクナマラおよび，ランド研究所・国防総省に招聘された C. ヒッチを中心に主導された．

　第 2 に GAO，すなわち米国連邦政府の会計検査院のプログラム評価についてである．1970年代以降，連邦議会付属機関である GAO は，プログラム評価（program evaluation）とよばれる評価手法を採用するようになった．アメリカの GAO は，日本とは異なり，議会活動の補佐をその任務とする立法府内の機関である．GAO は「独立」「不偏不党」の立場から連邦政府のプログラムや支出に関する監査・評価を連邦議会のために行っており，「説明責任」（accounta-bility），「高潔性」（integrity），「信頼性」（reliability）の 3 つの価値をその看板としている．GAO が展開させてきたプログラム評価は，行政府に対するアカウンタビリティの追求を目指すものであった．

　第 3 に GPRA である．GPRA は1993年に成立した連邦政府機関を対象とする政策評価の法制度であり，連邦政府機関に対して戦略計画や自己評価を義務付けるものであった．GPRA の特徴は PPBS や GAO のプログラム評価において，評価手法上の難易度の高さが課題であった点を反省し，民間企業の目標管理の仕組みを応用し，行政機関にとって簡素で導入しやすい仕組みとしたもの

であった.

　これらの 3 つの政策評価制度は,それぞれ異なる知的背景や志向性のもとに
するものであった.そして,そのいずれもが日本において繰り返し紹介されて
きたものであった.まずはこれらの制度のレビューからはじめよう.

╈ 2．PPBS (Planning, Programming, and Budgeting System)

(1)「野心的な試み」

　PPBS は,ランド研究所の協力のもと,政策決定を科学的な分析の下におこ
うとするものであった[2].

　西尾勝〔1990a : 289-290〕の整理によれば,PPBS には①「構造」,②「情報」,
③「分析」,④「制度」の 4 つの側面があったという.①「構造」の側面では,
プログラム体系の設計が行われ,②「情報」の側面では費用効果分析ないし費
用便益分析を行うのに必要な情報体系の整備が行われ,③「分析」の側面では
具体的な個別の政策について費用効果分析や費用便益分析が行われ,最後の④
「制度」の側面ではこの費用効果分析や費用便益分析の実施を義務付け,これ
らが予算編成手続等と結合されると説明されていた.

　実際の PPBS では,上記の①〜④の側面のうち,④「制度」の側面が強調さ
れていたとされる.またその際,予算編成との関連が重視され,そのことによ
って実務上の負荷が高いものとなっていたのだと西尾は指摘している.

　PPBS は1961年にマクナマラ／ヒッチによってまずは国防総省へと導入され,
その評価結果が1963年度予算案から反映されることとされていた.この際にヒ
ッチが導入した方法が「プログラム」と「予算」とを連結させる 'program
budget' とよばれる方式であった.さらに1965年には,PPBS は L. ジョンソン
大統領によってすべての連邦政府機関へと導入拡大された.一般に PPBS の
導入年として知られているのはこちらの年号の方である.その目的は,政策分
析を徹底し,事業の硬直化と惰性的継続を防ぎ,予算編成の選択の余地を広げ

ようという点にあったことを西尾は指摘している.

　ときの国防長官であったマクナマラの認識はつぎの一文によく表現されている. マクナマラは私企業の経営者の役割と行政責任者の役割とが類似していることを指摘していた.

　　　もしわれわれが戦争をしなければならなかったとしても, われわれは現在のような三軍に興味はもたないでしょう. われわれが興味をもつのは陸・海・空軍を機能別に組みあわせた任務部隊, たとえば原爆報復部隊, 海外派遣部隊, 大陸防空部隊, 海外限定戦争部隊などです. だが問題は, われわれが予算を現在そのような形ではもっていないことにあります. だから, ある特定の予算でどのような種類のどれだけの国防を買おうとしているかを, われわれは知らないといっても過言ではありません [Hitch 1965 = 1971].

　また, マクナマラを支えたヒッチも, 「各軍は何よりも (三軍の中での) 自軍の優位を主張し, 統合をそこなうような自軍独自の任務を好み, 魅力的な新しい兵器体系に努力を集中して将来の予算増大の素地づくりに専念する. それと同時に, 有事即応化の努力よりは現有兵力全体の規模を減らさないように努める」としていた. 彼らにとっては軍の有事即応力の高さが最大の関心事であり, そのためには予算をめぐるセクショナリズムこそが克服されなければならない課題であると認識されていたからである. また, そのためにこそ, 「ある特定の予算でどのような種類のどれだけの国防を買おうとしているか」を明確化することが求められていたのである.

（2）予算・プログラム・計画

　PPBS を政府部内の構造からみるならば以下のように説明することができる. 従来の予算要求方式では, 組織に付随する「予算」がまず要求される. この予算に基づいて装備品等の調達が行われ, その後に装備品等の運用をどうするか

という「プログラム」のあり方が議論されていた．中長期的な「計画」は，この「プログラム」の集積の結果として展望されているに過ぎなかったのである．

これに対し，PPBSはこれらの順序の逆転を企図するものであった．すなわち，PPBSは，最初に中長期的な「計画」を定めることを求め，そのもとでどのような機能を期待するのかという「プログラム」を策定することとし，最後にプログラムを実現する「予算」を措置するという順序にしようとしたのである．PPBSのもっとも重要な点は，「予算」「プログラム」「計画」の関係を，従来と逆の順序で考える「逆転の発想」にあったといえる．ヒッチはこれを以下のような構図で説明している．

意思決定の第1段階　軍事計画の立案と所要量の決定（プランニング）
意思決定の第2段階　任務別計画方式の再定式化（プログラミング）
意思決定の第3段階　単年度の所要量の予算措置（バジェティング）

ジョンソン政権下におけるPPBSの全政府的な導入は，各省庁の「事業計画」（プログラム）を合理化し，これと「予算」との関係を改善することを目指すためのものであった［西尾 1990：226］．PPBSにかかる文書の作成および予算局への提出時期は図2-1のようなフローで行うこととされていた．

全連邦政府機関へと導入されたPPBSは，やがて他の政府機関にも波及することとなった．ヒッチによれば，1969年の段階では，アメリカ国内では24の連邦省庁，29の州，100近くの市，数百の郡がPPBSを導入済み，もしくは導入中であり，このほかカナダ，フランス，スウェーデン，オーストリア，スイス，ベルギー，オランダ，NATO，インド，フィリピン，韓国が導入しつつあったという．

（3）「PPBSの死」

ところが，PPBSの試みはR.ニクソン政権下の1971年に突然停止される［OMB回章A-11］．いわゆる「PPBSの死」である．今日，その原因として言及

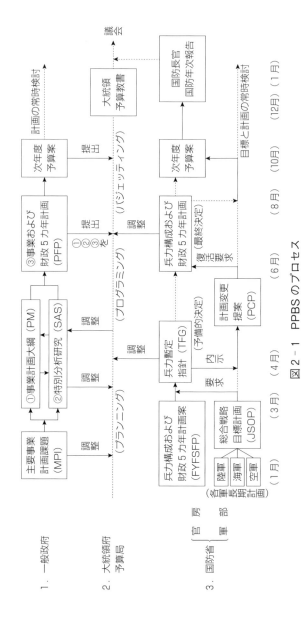

図 2 - 1　PPBS のプロセス

出典：Hitch [1965＝1971] の付録の図を一部改変。

されているのは，専門的スタッフの不足，現場の過剰負荷に基づく反発，行政府主導に対する議会側からの不信感の３点である[3]．とくに PPBS で求められた費用効果分析や費用便益分析の手法は，数理系のアプローチへの習熟を前提とするものであり，相応の予算，大学院での再教育や外部の専門家の雇用などを必須とするものであった［金本 1990］．なお，行政学の立場からは，その失敗の要因として「能率と民主主義」のバランスに関する指摘が顕著である［参照，西尾 1990：290-292：小島 1970］．

　PPBS について，ヒッチは当初から以下のような懸念を示していた．ヒッチのこの懸念は，彼自身が PPBS の限界をよく理解していたことを明らかにしてくれるものである［Hitch 1965 = 1971］．

　　経済的選択は問題を考察する一つの方法であり，必ずしも何かの分析方法や計算装置の使用に依拠するものではない．分析方法（たとえば数学モデル）や計算機のなかには，複雑な軍事問題の分析にきわめて役だちそうなものもある．しかし，目標と費用に関して代替手段を列挙し，それぞれの意味を考察することはよいが，分析手法や計算機がとくには役にたたぬような軍事問題も多い．数学モデルや計算機が役に立つ場合も，それは健全な直観的判断にとってかわったり，これと競合したりするものでは決してなく，むしろ判断を補うものである．分析の方法を工夫し，比較すべき代案を列挙し，評価の基準を設定するうえにもっとも重要なものは，常に人間の判断である．十分完全な一次元の測定可能な目標が，（非常にまれだが）存在する場合でないかぎり，選択を勧告するまえに，人間の判断で数値解析を補うようにしなければならない．

　PPBS の試みはこのようにしていったん終息した．しかし，PPBS が産み落としたものは今日にもなお遺されている．同様のアイデアは，アメリカでも日本でも繰り返し提起されてきた．そこにあるのは，PPBS が志向した「合理的選択のモデル」，すなわち，選択可能な代替案のなかから最適解を模索し，こ

れを参考としつつ最適解となる政策案を選択するという理念型（モデル）である．

　日本における PPBS は1960年代に紹介され，大蔵省や経済企画庁といった経済官庁および一部の自治体関係者や研究者等よって言及されていた．だが，「PPBS の死」に直面し，日本における研究熱は急速に冷めていくこととなった[4]．もっとも，日本においてもその発想と手法は，のちの政策評価制度，またその後の議論のなかで繰り返されることとなる[5]．

＋ 3．GAO のプログラム評価

（1）立法府の GAO

　つぎにとりあげるのは連邦議会付属機関の GAO によるプログラム評価である．

　まず，医療・教育の分野で政策分析手法として用いられる「プログラム評価」と，GAO が採用した政府部内の制度としての「GAO のプログラム評価」について識別しておきたい [Rossi, Lipsey and Freeman 2004；山谷 1997；金本 1990；田邊 1998；益田 2010]．本書が扱うのはこのうち GAO が採用した政府部内のプログラム評価についてである．

　GAO においてプログラム評価が導入展開されるまでの経緯は以下の３つの時期に分けて説明することができる．第１期は GAO の創設からニューディールまで，第２期はニューディールから PPBS の廃止まで，第３期は PPBS チームの GAO への合流以降である．なおプログラム評価の導入展開は上記のうち第３期のものであり，第１期および第２期はその前史である [参照，金本 1990]．この時期区分に沿ってどのように GAO のプログラム評価が展開するようになったのかを概観しよう．

（2）GAO ── 1921予算会計法

　第１期は，GAO が1921年の予算会計法（Budget and Accounting Act）によっ

て設立されてから戦後までの期間である．1921年の予算会計法に含まれる改革の問題意識は，W. タフト大統領の就任直後（1909年）に議会に設置されたタフト委員会（Commission on Economy and Efficiency to be appointed by the President）の議論にまで遡る．タフト委員会までは，大統領による予算のコントロールの権限は十分なものではなかったという．そこで，後任の W. ウィルソン政権においては執行権強化などの市政改革運動の成果が吸収されていくことになった［Mosher 1979：35-36］．さらに1921年に W. G. ハーディング政権になると，予算会計法が成立し，GAO（General Accounting Office）および予算局（BOB: Bureau of Budget）が発足することとなる．

　1921年予算会計法では GAO 院長の任期が15年とされ，強い独立性が付与された．当初の GAO はもっぱら合規性の検査を中心としていた．GAO の創設の背景にあったのは，予算のコントロールの問題であった．そのために GAO は歳出にかかる合規性検査（Voucher Audit/Checking）を手がけていた．初代院長の J. R. マカール（1921-1936に院長）は，「規則一点張りの正義漢」とも評されていた．しかし，木谷晋一によれば，F. D. ルーズベルト政権が展開したニューディール政策や戦時支出などの支出増を前にしたとき，こうしたアプローチは限界を迎えたとされる［木谷 1994］．

　益田直子［2010］によれば，この確執は GAO の権限制約の試みとして表面化していたという．具体的には，ハーディング政権において予算会計法成立直後に GAO を財務省に戻そうとしたこと，あるいは H. フーバー政権時に GAO から行政府の権限を取り除こうとしたこと，さらにはルーズベルト政権時の1937年の L. ブラウンロー委員会（「行政管理に関する委員会」（President's Committee on Administrative Management））において GAO を事後監査の役割に特化させようとしたことなどを益田はあげている［益田 2010：38-39］．

（3）GAO ―― PPBS の合流

　第2期はニューディール期から PPBS 廃止までの時期である．この時期の

焦点は政府支出の増大に伴う GAO の役割変化にあった．先にも触れたように，合規性検査はニューディール政策や第二次世界大戦による歳出増に対応できなかった．GAO は GAO の人員を増強させることで業務量の膨張に対処しようとした．しかし結局は限界を迎え，第三代院長の L.ウォレンの下では，GAO の検査方式が合規性検査から包括監査（Comprehensive Audit）へと変更がはかられた．GAO の役割は，「会計原則の設定」「財務管理の手続面のチェック」および「内部統制の妥当性のチェック」という，より間接的な監査的形態へと転換していくこととなった［木谷 1994］．

　GAO はこの方針転換により，1945年から1955年にかけて，職員数を正常化させるとともに会計士の採用を増加させていった．さらに，1955年以降は第四代院長に J.キャンベルが着任し，この傾向にいっそうの拍車がかかることとなった．

　この時期の重要なトピックは1945年の行政府再編法および1946年の立法府再編法，1950年の予算会計手続法の改革である．最初の行政府再編法は，GAO および院長が「立法府の一部」と表現され，その地位が明確にされた［Mosher 1979：104-5］．また，翌年の立法府再編法では GAO が支出の分析を行うことが明記され，その後の立法府のスタッフの拡充の契機ともなった．最後の1950年予算会計手続法は，上記の包括監査への転換点となった［益田 2010：38-9］．

　さらにこの時期の社会環境の変化も重要である．ここで念頭においておきたいのは，ケネディ政権下のキューバミサイル危機，マクナマラ国防長官による国防総省への PPBS の導入，ジョンソン政権下での連邦政府機関への PPBS の全面導入，同じく「偉大な社会」や「反貧困プログラム」の進行，ベトナム戦争や公民権運動といった社会的背景，後年のウォーターゲート事件による政治の信用失墜などである．

（4）GAO ──監査から評価へ

　第 3 期は予算局のエコノミストであった E.スターツが第五代院長に就任す

るところからはじまる．スターツは予算局で PPBS を主導してきた人物のひとりであったが，彼は PPBS の手法を GAO に持ち込む重要人物となった．そこで成立するのが，GAO のプログラム評価である．

　GAO でプログラム評価が成立した背景として記憶しておかなければならないのは以下の3点である．第1に，GAO へのスターツ院長の就任である．スターツ院長は，「PPBS のすべてを知る人物」とされていた．第2に，スターツ院長が連邦議会への対応を重視したことである．ここでは，1960年代を通じて「議会の危機」が募っているさなかの動きであった点に注目しておきたい．第3に，1967年の修正経済機会法により，「反貧困プログラム」に対する効果の検証が義務づけられ，ここを舞台に GAO のプログラム評価の有用性が実証されていったことである．

　GAO のプログラム評価の初期の展開について，人材面では GAO 内の人材の大学院への派遣および外部コンサルタントへの委託が重要な要素となった．なぜなら，プログラム評価のためには，統計学，経済学，オペレーションズ・リサーチなどの手法の修得が不可欠であったからである．なお，こうした専門分野からの職員の雇用はスターツ院長の就任後に促進されるようになった．

　山谷清志はこの第3期を，さらに以下の3つの段階に分けて詳述している［山谷 1997：39-46］．3つの段階とは，1960年代中頃から70年代までの連邦議会が政府機関のアカウンタビリティを確保させる手段としてプログラム評価の登場を強力に推進した「第1段階」，1970年代後半から1980年代前半にかけて財政赤字を前にプログラム評価がマネジメントの視点を取り入れた「第2段階」，意思決定に役立つような評価の技術的な質（technical quality）の向上が論じられるようになった1980年代後半以降の「第3段階」である［山谷 1997：39-46］．

　「第1段階」では，巨額の政府支出を伴う「偉大な社会」「貧困との戦い」の諸事業のチェックのために，政策科学，政策研究，政策分析の手法が動員され，PPBS の手法が応用されていった．この点をふまえ，GAO のプログラム評価は，アカウンタビリティ追求手段の制度化として立ち現れたと山谷は評して

いる.

（5）政府部内での評価の展開

　つづく「第2段階」ではプログラム管理の強化が課題となった. そこには2つの議論が含まれていた. 第1に, 財政赤字を前にした「プログラムの殺し屋」（terminator）とよばれるカットバックマネジメント志向である. 第2に, 消費者運動（consumerism）に支えられたプログラムの質をめぐる品質管理論（quality control）の台頭である. ここから派生してさらに2つの評価をめぐる問題が浮上したと山谷は指摘している. 2つの評価をめぐる問題とは, 節約主義的評価と党派性の醸成と, この評価の党派化による客観性の剥落である.

　このような状況のなか, 「第3段階」では, 企画立案に携わる者への知的貢献が求められるようになった. 社会諸科学との交錯がここで注目しておきたい論点である. この段階での評価は, いっそうの複雑化が進行し, 「評価可能性評価」（evaluatability assessment）の実施や, プログラム活動や管理活動を記述する「プロセス評価」（process evaluation）, 政策効果を測定する「アウトカム評価」（outcome evaluation）, 評価間比較を論じる「メタ評価」（meta-evaluation）等の多彩な形態が登場した. すなわちこの第3段階においては, 手続的客観性と政治的中立性を獲得するため, 様々な工夫がなされていったのである［山谷1997］.

　田辺智子［2002：47］によれば, GAO の行うプログラム評価はモニタリング手法としての「プロセス評価」, アウトカム指標に起きた変化が政策介入によるものであるかどうかを検証する「アウトカム評価」, アウトカム評価と同様の議論を統計解析の手法を用いて検証する「インパクト評価」（impact evaluation）, そして「費用便益・費用効果分析」（cost-benefit analysis, etc.）の4種類に分けられるという. ただし, GAO の内部で評価活動が完結するわけではなく, アーバン・インスティテュート（Urban Institute）等の外部のシンクタンクに評価事業が委託されている点を含めて, GAO のプログラム評価は理解される必

要がある．また，後述の GPRA の登場以降，GAO が役割の変化を経験している点にも注意を寄せなければならない[6)]．

　冒頭に触れたように，プログラム評価は GAO に限られるものではない．「応用社会科学」(applied social sciences)，あるいは「評価研究」(evaluation research) ともよばれるプログラム評価は，アカデミズムとの融合，あるいは政府政策に対する学問的手法の応用と不可分の関係にある．この点についてはのちほど，深掘りをしていこう．

┼ 4．GPRA (Government Performance and Results Act, 1993)

（1）業績測定システム

　最後にとりあげるのは GPRA である．1990年代に入り，ジョージ・H. W. ブッシュ政権から B. クリントン政権へと政権交代が起こると，再び行政府内部における評価の取り組みが焦点化されていった．

　GPRA は，後述の評価類型からいえば，「業績測定」(performance measurement) とよばれるものとして整理することができる．「業績測定」とは，PPBS やプログラム評価の自治体への適用を模索するなかで生み出されたものであり，1968年に設立されたアーバン・インスティテュートが推奨した「顧客満足」「成果志向」を中心に据えた評価方式である．その推進者のひとりである H. ハトリーによれば，アーバン・インスティテュートが「州政府や地方自治体と協力して，費用対効果分析やシステム分析をそのプログラムやサービスに導入しようとしたが，州政府や地方自治体は，自らが提供しているサービスの質やアウトカムについてはほとんど情報を持ち合わせていない」現状をふまえ，同機関が「以後20年間，州政府・自治体の各機関が特定のサービスのアウトカムや質を追跡し把握するための手法の開発」に取組み，「市民＝顧客」の観点に立った「アウトカム重視型業績測定システム」［Hatry 1994＝2004］を生み出したと説明されている．

　GPRA が依拠する「業績測定」とよばれる評価方式は，1970年代にはノースカロライナ州シャーロット，オハイオ州デイトン，カルフォルニア州サニーベールで採用されるにとどまっていた．しかし，1980年代には経営学者がこれを強調し，1992年の D. オズボーンと T. ゲーブラーの『行政革命』［Osborne and Gabler 1992＝1994］とともにひろく知られるようになっていった．

　PPBS やプログラム評価は，学術的な手法等を駆使しようとする点に特徴があった．これに対して業績測定は，実用重視のきわめて簡易な評価手法であることに特徴があり，公的部門に導入しやすいものであった．業績測定は，PPBS やプログラム評価の難易度の高い「プログラムの同定」や「分析手法」を捨象したところに，そもそも立脚していたのである．

　GPRA は，W. ロス上院議員の草案を契機として1993年に制度化され，かつての PPBS が志向していたのと同じように，すべての連邦政府機関とその主要なプログラムを射程におさめようとするものであった．

（2）目標管理型評価のモデル

　1993年の GPRA では，政府機関への基本的な問いは以下の4点とされていた．第1に「何がわれわれのミッションか」，第2に「何がわれわれの目的（goal）であり，いかにしてわれわれはこの目的を達成するか」，第3に「われわれは自らの機関の業績を測定することができるか」，そして第4に「われわれは改善のためにいかにしてその情報を活用することができるか」である．要約すれば，GPRA が各政府機関に求めているのは，① 目的を決めること，② 業績を測定すること，③ 各政府機関が達成したものを報告することの3点であった［GAO 1996：1］．

　図2-2は，GPRA のイメージをわかりやすく紹介したものである．ここでは，ステップ1の出発点に，「ミッションと望ましいアウトカムの同定」がおかれている．そのうえで，ステップ2として，「業績の測定」が設定されている．この場合の「業績」とは，「ミッションと望ましいアウトカムの同定」に

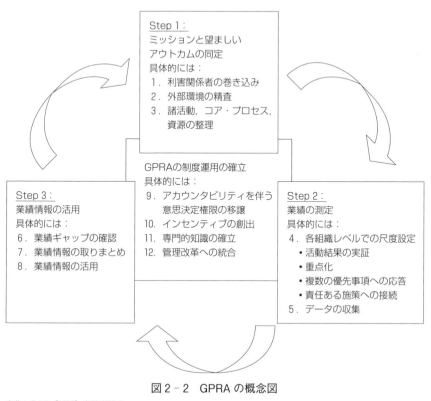

図 2 - 2　GPRA の概念図

出典：GAO［1996］を筆者訳出.

関係している．最後に，ステップ 3 として，「業績情報の活用」を行うことが
示唆されている．「業績情報の活用」についてはさらに，この図の中心にある，
「GPRA の制度運用の確立」，すなわち意思決定への反映やインセンティブの
創出，専門性の確立や管理改革への統合などが念頭におかれている．

　GPRA は法制化後，試行期間を経て本格施行となり，2000年 3 月に最初の
年次業績報告書がまとめられた．GPRA では政策所管部局が自己評価を行う
ほか，OMB，議会予算局（CBO），GAO などの関係部門が関与するとされてい
た．このシステムが後述の日本の政策評価制度の雛形の 1 つとなっている［黒
田 2003a；2003b；左近 2005；茂木 2010；新日本有限責任監査法人 2015］.

　GPRA についてはさらにその後の，とくに G. W. ブッシュ政権下での
PART システムの展開，2010年のオバマ政権下においてリニューアルされた
GPRAMA をみていかなくてはならない．これらは次章の議論としよう．

注
1)　一般的には「会計検査院」と訳される．益田直子は「行政活動検査院」と訳出して
　　いる［益田 2010］．旧称は General Accounting Office であり，2004年には Govern-
　　ment Accountability Office に改称された．いずれもその頭文字を取った略称は GAO
　　である．その機能は，日本の会計検査院と総務省行政評価局をあわせたものとイメー
　　ジすることができる．
2)　ランド研究所は，空軍の資金とダグラス社を母胎とする研究所であり，軍事戦略等
　　を研究していた．ランド研究所の創設時の議論については，さしあたり William［1993
　　＝1995］，Abella［2008＝2008］が詳しい．その最盛期は1950年代であり，1960年代に
　　はその多くが去っている．あわせて Smith［1990］も参照．
3)　例えば加藤芳太郎［1970：53］は次のように紹介している．「経済学や経営学専攻の
　　学校出たての若僧が国家の安全保障に関する重大な意志決定を左右する危険こそ，議
　　会の最も危惧するところであり PPBS に対する議会の批判的態度はすべてここに由来
　　するとは，殆ど全委員会の一致した発言であった」．加藤論文は戦略戦術と兵器体系の
　　意思決定をめぐる制服組と議会議員との政治闘争が PPBS 論争に集約されているもの
　　と捉え，上院の政府活動委員会国家安全保障・国際関係小委員会を中心とした議論を
　　紹介するものであった．
4)　この点は加藤芳太郎のオーラルヒストリーに詳しい［加藤 2008］．日本での PPBS
　　研究の消沈は，1970年以降の財政制度等審議会での検討で，① PPBS 研究があまりに
　　も抽象的であったこと，② 当時のアメリカ連邦政府等のヒアリング結果が満足のいく
　　ものではなかったこと，③ 同審議会の議論の事務機械化合理化経費への関心のシフト
　　などが影響しているという．
5)　PPBS については，とくに日米の政府部内での作動環境にも関心を寄せるべきだろ
　　う．例えば，アメリカの PPBS は，議会の側に予算編成権があることを前提としたも
　　のであり，これを踏まえての行政の科学化・能率化を中心とするものである．しかし
　　ながら，日本の場合には，政策決定に関しては行政が政治に対して優位であり，この
　　伝統の上に政策の合理化・科学化が唱道されている．この政治・行政関係の理解は，
　　今日の政策評価にもそのまま通底している．
6)　この点については後千代［1997］に詳しい．GAO は1992年以来，新規採用を凍結し，
　　離職奨励制度を設け，1994-1995年にフィラデルフィア，シンシナティ，デトロイト，

ニューヨーク，ドイツのフランクフルト支所などを閉鎖，200のポジションを削減したという．職員数は1996年のレポートでは3500人まで削減されており，1996年度以降の7年間で予算合計10億ドルの削減，職員数の第二次世界大戦期までの圧縮が計画されていたという．

第3章 米国の評価制度の改革

　GPRAは，PPBS以降再び連邦政府機関に自己評価を義務づけようとするものであった．他方でGPRAは，PPBSと同様に大統領府の下での予算案の編成にかかる制度でありながら，「野心的」といわれた側面を捨象し，業績測定型の評価制度として導入された．しかし，その「野心」は再び頭をもたげてくることとなる．

　GPRAはB.クリントン政権での導入後，G.W.ブッシュ共和党政権下での運用を経て，2010年にB.オバマ民主党政権において改革されることとなった．具体的には修正法たるGPRAMA（GPRA Modernization Act）が2010年に成立し，かねてのGPRAの運用が変更されることとなった．そこにはどのような論点が伏在していたのだろうか．また，制度改革としてどのような工夫が織り込まれることになったのだろうか．

　本章では，GPRAMAの前段たるGPRAの制度運用の実態やオバマ政権時のGPRAMA成立の経緯等について明らかにする．[1]

┼ 1．米国の評価文化

（1）GPRAの制度運用
　第3章の内容に入る前に，第2章では十分に触れることができなかったいくつかの論点について言及しておきたい．ここでとりあげるのは，「GPRAの制度運用」「業績マネジメントと評価文化」「評価手法に関する補足」の3点であ

る.

　第1に GPRA の制度運用についてである. GPRA は, 法制度として確立し
ているものの, その運用実態は時の政権の方針によって左右されることとなっ
た. クリントン民主党政権の際には GPRA の設計と導入がはかられたところ
までであった. その後, ブッシュ共和党政権下において GPRA は本格的な運
用が開始されることとなった. ブッシュ政権下では, 大統領のイニシアティヴ
のもと, PART (Program Assessment and Rating Tool), マネジメント・スコア
カード, 業績予算 (Performance Budget) などのサブシステムが登場し, 予算と
行政活動との連結にアクセントがおかれていった [田中 2005：26]. ただし, 連
邦議会における予算審議においては, これを積極的かつ有効に活用するには至
らなかった.

　2000年代末には, こうした GPRA の運用上の課題に対し, 2つの新たな動
きに注目が集まった. 1つは, 2000年代の英国労働党政権時に展開していた
PSAs (Public Service Agreements) である. もう1つは, 米国州政府や自治体な
どにおいて2010年前後に注目を浴びた「スタットムーブメント」(stat move-
ment) である. いずれも政府のリーダーシップと政府の業績とを連結させ, エ
ビデンスやデータに基づく「業績マネジメント」(performance management) の
水準を向上させようとするものであった. GPRA から GPRAMA への変革に
際しては, これらの要素が重要となる.

(2) 業績マネジメントと評価文化

　第2に, 業績マネジメントと評価文化についてである. 米国の評価関係者の
間では「業績マネジメント」という概念が重視されている. この概念は,
GPRA および GPRAMA を含む米連邦政府の評価制度の鍵概念といえるもの
である.

　日本では,「業績マネジメント」は, 政策評価手法の一種である「業績測定」
(performance measurement) やこれと予算とを連結させようとする業績予算

（performance budget）と混同されがちである．しかしながらこの概念は，単な
る評価手法や予算と業績との連携を表現するものにとどまらず，米国の政策評
価論の文脈における，より広い意味内容をもつ，嚮導概念（leading concept）と
いうべきものである．あえて日本語に訳するならば「政策の合理性の向上」と
いったところだろうか．

　「業績マネジメント」の概念は，「政策分析」（policy analysis），「プログラム評
価」（program evaluation），あるいは「業績測定」といった政策評価の諸類型を
包摂するとともに，政府全体の業績の改善，あるいはその基礎となる政府の業
績管理システムのあり方を表現している．

　「業績マネジメント」の意義は，政府全体の業績をどう改善するか，あるい
はそのためのシステムをどう改革するかという大所高所の視座を表現するとこ
ろにある．すなわちこの概念は，単に評価結果と予算との連結をどう確保する
か，予算査定に使えるような業績管理システムをどう構築するかという視点の
みならず，全政府的な視座に立って，そのパフォーマンスをいかに「現代化」
（modernize）するのか，あるいはそれをどのように公衆に説明しうるのかとい
う関心に立脚している．

　この日本語になじまない「業績マネジメント」の概念を理解するためには，
さらに，米国連邦政府全体のなかで政策評価制度がどのような位置を占めてい
るのかという点を確認することが求められるだろう．ここでは，日本の政策評
価制度との違いを意識しつつ以下の 3 点に言及しておきたい．

　1 つ目に指摘しておきたいのは，日本と比較した場合，米国の行政活動の成
果・業績に関する議論の熟度の高さが目を引くという点である．米国の行政活
動に関する成果志向，またそれに関する定量的説明という評価文化（evaluation
culture[2]）の背景には，評価制度の歴史的蓄積や米国特有の公務員制度のあり方
がある．

　米国連邦政府の非政治任用型の幹部候補職員（SES）は，修士号以上の学位
が要件であり，その採用形態は日本とは異なる開放型任用制（政府内外からの公

募）である．このため，公務員の特定の業務に関する専門家として活動する傾
向が日本よりもつよい．さらに，政府の意思決定に際しては，定量的な業績情
報が活用されることが期待されており，「エビデンスベースド」「データドリブ
ン」「政策評価に関するリーダー層のコミットメント」などのトーンが日本よ
りもつよい．

　2つ目に指摘しておきたいのは，米国連邦政府においては上述のような評価
文化をドライブするアクターが政府部内に多元的に存在しているという点であ
る．日本の場合，政策評価の制度官庁は行政機関たる総務省行政評価局であり，
概ね単一の制度官庁・評価専担組織のリードのもとで，行政府内の政策評価制
度が稼働している．これに対して，米国連邦政府の場合には，行政府において
は OMB（Office of Management and Budget）や各省の評価担当部局があり，立法
府においては CBO（Congressional Budget Office），GAO（Government Accountabil-
ity Office），CRS（Congressional Research Service）などが存在している．日本との
違いは，権力分立をまたぐ形で政策評価の推進アクターが多元的に存在してい
ること［南島 2013］，および，その中心に OMB と GAO が，行政府・立法府側
のそれぞれの要の位置に存在していることである．

　3つ目に指摘しておきたいのは，様々な人材をつなぐ社会的な評価コミュニ
ティの存在である．上述の評価文化の推進母体となるのは，経済学，会計学，
政策学，行政学，評価学，計量社会学などの社会諸科学（social sciences）であ
る．なかでも政府部門における経済理論や評価手法の応用志向はその筆頭格の
位置にある．さらに，その人的資源の供給を担っているのは公共政策系の高等
教育機関である．公共政策系の高等教育機関でトレーニングを受けた人材は，
公務員のみならず，立法府の職員，シンクタンク，企業などへとひろがりをみ
せ，これが専門性を帯びたコミュニティを形成している．重要なことは，こう
した評価コミュニティが，業界を超えて社会的に存在していること，および，
この評価コミュニティが評価文化をリードする主体となっていること，そして，
そこに評価に関する知見がストックされていることなどである．

（3）評価手法の補足

　第3に評価手法に関する補足についてである．ここでは，本章で中心的に取り扱う GPRA および GPRAMA について，後段の議論との関係から，以下の3点を補足しておこう．

　1つ目は，PPBS，GAO のプログラム評価，GPRA はそれぞれ「異なる種類の評価手法」として整理されうるという点である．PPBS は「政策分析」（policy analysis）とよばれる合理的な意思決定を支えるカテゴリーに属し，GAO の取り組みは事後的総括的な「プログラム評価」（program evaluation）とよばれるカテゴリーに属している．また，GPRA は民間企業における目標管理，あるいは管理会計をモデルとした「業績測定」（performance measurement）に類型化される．これらは異なるコンテクストのうえにあるものとして識別しておくべきものである．また，GPRA および GPRAMA はこれらのうちの「業績測定」の範疇で議論されるべきものである．

　2つ目に，業績測定の指標についてである．業績測定は，「事前に設定された目標」に対する「達成度の測定」を行う評価方式である．「事前に設定された目標」は，「測定」されるものであるから，量的に表現されることとなる．さらに業績測定では，量的に表現される「事前に設定された目標」は，政策の効果を表現する「アウトカム」であることが望ましいとされている．ところが「事前に設定された目標」の設定に際してアウトカム指標を設定することはそう容易いことではない．それは，アウトカムが，業績測定が担当部局によって取り扱われること，したがってアウトカムの議論が組織の縦割りを超えて議論しなければならないものであること，さらにアウトカムがたとえば複数年度を経て発現する場合においても，単年度予算の壁にさえぎられることなどが原因であるといえる．これらは組織活動の単位や予算管理の単位と政策効果の範囲との間に乖離があるということを示唆している．

　3つ目に，評価の背後には予算と行政活動との関係が横たわっている．ただし，その離隔距離は評価手法やその運用によって異なる．ここではとくに，予

算と業績との離隔距離について，時の政権の意向を受けて一定の幅の揺らぎが
みられる点に注意を喚起しておきたい．

┼ 2．予算との離隔

（1）GPRA の制度内容

　GPRA は連邦議会制定法であるが，もともとその発想は，当時の地方政府
の業績マネジメント改革の取り組みからヒントを得たものであった［新日本有
限責任監査法人 2015：13］．ここで GPRA について特徴的な論点を拾っておこう．
さしあたり以下の 3 点である．

　第 1 に，GPRA の評価手法についてである．GPRA は業績測定の一種であ
ると説明したが，ここには，業績測定の定義を超えるものが内蔵されている．
具体的にいえば，5 年間の戦略計画（strategic plan）の策定（3 年毎に更新），年
次業績計画（annual performance plan）の策定，年次業績報告書（annual perform-
ance report）の作成，あるいはそれらの結果の「予算への反映」といったもの
である．すなわち，業績測定という評価手法と，その他のマネジメント上の仕
組みを複合的に組み合わせたものが GPRA の内容となっているということで
ある．GPRA が単に業績測定にとどまらないという理解の仕方はここから生
じている．

　第 2 に，GPRA についての立法府側の態度についてである．GPRA は立法
措置されているものであるため，立法府側の基本的なポジションは「推進」で
ある．したがって，議会を支援する立場にある GAO もまた，これを支援する
態度が基本となる．具体的に GAO は，各省庁の取り組みを監視するため，戦
略計画と業績測定を活用した業績マネジメントの改善に関心を寄せている［鈴
木 2001：132］．GAO は GPRA に限らず，政府全体の業績マネジメントの改善
に貢献する観点から，様々なレポートを議会のために報告している．

　第 3 に，GPRA の行政府への導入・準備の期間の長さについてである．

GPRA の具体的な執行責任を負っているのは各省庁であり，その取りまとめ部局は大統領直下の OMB である．ただし，連邦政府内では，GPRA の完全実施までに一定の期間を要した．具体的には GPRA は1993年 8 月 3 日に成立したが，最初の年次業績報告書（FY 1999）の提出は2000年 3 月31日であった［新日本有限責任監査法人 2015：16］．これは日本の政策評価法が2001年に制定され，最初の国会報告が2003年 6 月（対象年度は2002年度の行政活動）であった点と比べるとおおきく異なる．

（2）予算と業績の統合

　GPRA の完全実施からほどなく，2001年 1 月にはブッシュ共和党政権が発足した．ブッシュ政権では，まず『新たな出発のための青写真』（A Blueprint for New Beginnings）が出され，ついで，『大統領の行政管理の方針』（PMA: The President's Management Agenda）が示された．

　前者の『新たな出発のための青写真』においては，「Ⅸ．政府改革」の章において，① 市民志向（官僚主義ではないこと），② 結果志向（手続重視ではないこと），③ 市場重視（活性化，窮屈さの排除，イノベーションと競争）の 3 つの方針が示された［OMB 2001a：179］．また，後者の『大統領の行政管理の方針』においては，連邦政府のマネジメントおよび業績の改善のための戦略として，その冒頭の序論において，「政府業績の向上」が謳われ，かつ，「第 5 章　予算と業績の統合」において，GAO が抽出した課題への対応が示された［OMB 2001b：27-30］．

　GAO はどのような議論の状況だったのだろうか．GPRA について GAO が作成した1997年のレポート［GAO 1997］によれば，GPRA には以下の 5 点の課題があったとされている．第 1 にプログラムの省庁間でのオーバーラップ（重複事務）や縦割りの問題があることである．第 2 に成果の導出に際しての連邦政府機関の活動の寄与度が不明瞭であることである．第 3 に成果志向の業績情報が欠如していることである．第 4 に成果重視の文化が成熟していないことである．第 5 に業績計画を直接的に予算に連携させることが困難であることであ

る.

とくに,『大統領の行政管理の方針』においては, これらへの対応策として
GPRA の運用強化と業績情報の予算への活用が謳われていた. その際に強調
されていたのが「業績に基づく予算」(performance-based budget) であった. そ
して, これを具体化しようとしたものが, 2003年度予算案から導入された
「PART」および「業績予算」であった.

(3) PART (Program Assessment and Rating Tool)

まず, PART についてである. PART とは,「プログラム評価のツールであ
る」と紹介されることもあるが, その実態は「各省庁の行政機関の活動に対す
る査定・格付けの手法」というべきものである. 具体的には, 各省庁の所管プ
ログラムに対して, チェック項目を設けて点数化し, そのスコア (PART スコ
ア) を「有効」(85-100),「ある程度有効」(70-84),「十分」(50-69),「有効では
ない」(0-49) の4段階で格付けしようとするものである (「5段階」とする場合に
は「評価不能」が追加される). このような形でプログラムを格付けすることの意
義は, 個々のプログラムの特性による複雑性を縮減し, 予算の重点化などのマ
ネジメントに活用しうる情報へと変換しようとする点にある.

具体的には, PART の設問は4つのセクションに分かれ, また, それぞれ
のセクションに対してウエイトが付され, 最終的に100点満点で PART スコア
が計算しうるようになっていた. この4つのセクションとは,「プログラムの
目的とデザイン」「戦略計画」「プログラムの管理」「プログラムの結果/アカ
ウンタビリティ」である. また, それぞれのウエイトは, 順に20%, 10%,
20%, 50%と設定されており, これらのうち「プログラムの結果/アカウンタ
ビリティ」に, 最大の点数が配分されていた [OMB 2008].

この PART とともに用いられていたのがマネジメント・スコアカードであ
る. マネジメント・スコアカードは,『大統領の行政管理の方針』に示された
「予算と業績の統合」をふまえ, 学識者を含めた委員会が,「青」(成功),「黄」

（混在），「赤」（不満足）の信号機型の判定を行うという取り組みであった［参照，藤野 2008］．「予算と業績の統合」については，徐々に青判定が増加していくという集計結果が示されるなど，改革が前進しているかのように考えられていた．しかし，それが必ずしも改革の成功を意味するものではなかったことが後に判明する．

（4）業績にかかるコストの把握

つぎに「業績予算」についてである．業績予算とは，「業績目的・目標と，それを達成するために必要となる費用とを，明確に関連付けるような予算要求の形式である」［新日本有限責任監査法人 2015：57］と表現されている．これは『大統領の行政管理の方針』において，「個々のプログラムに関連するフルコストを明確にすることができない」［OMB 2001b：28］とされていた課題に対応しようとするものであった．すなわち，この取り組みは，プログラムと費用との関係を明確化することを追求しようという狙いのもとで行われていたものであった．

業績予算についての OMB の方針は，あくまでもこの考え方を踏襲して予算要求を行うべきである，という程度のものであった［OMB 2004］．いいかえれば，義務化も徹底もなされていなかったのである．予算と行政活動との連結，その活用方策の課題については，実態論としていえば，各省側の取り組みに委ねられていたといってよい．

プログラムの業績と予算との距離をどのように見据えるのか．また，それらの関係をどこまで明確化しうるのか．これらの課題は，連邦政府が連綿と悩んできたものでもあった．ここでは，この課題がブッシュ政権下で追求されてきたものであること，予算編成権をもつ議会が当然に関心を寄せる種類の問題であったこと，業績と予算との連結が各省庁をコントロールする際の鍵とみなされてきたことなどを指摘するにとどめておこう．

＋ 3．GPRAMA

（1）OMB の課題認識

　2009年1月，政権交代によってオバマ民主党政権が誕生した．これに伴い，大統領の下でのマネジメントも刷新され，同時に，GPRA についてはその基本構造について遡って抜本的な改革がなされることとなった．改正法は立法府の作業であるが，共和党から民主党への政権交代という節目にあたり，大統領以下の行政府のマネジメントのあり方も改革されることとなっていた．

　オバマ大統領は，就任当初から政府全体の業績マネジメントの改革を表明していた．大統領就任後には，J. ジェンツを大統領府に新設された CPO（Chief Performance Officer: OMB）に任命し，改革チームを発足させた．オバマ政権は，2009年5月になると，『廃止・削減・節約』（Terminations, Reductions, and Savings）を公表し，170億ドル規模を2012年度予算で節減する方針を示した［OMB 2009］．また，ほぼ同時期に「PART の廃止と新たな業績マネジメントの導入」を表明し，PART への改革姿勢を明らかにした．

　ここで，PART の廃止が求められていた理由について触れておきたい．政治的文脈からいえば，PART の廃止は，大統領・政権側の政治的な刷新の意欲，新たなマネジメントシステムの導入の欲求，それらの有権者へのアピールなどが絡むものであったといえる．他方，より実務的な面では，OMB や有識者の課題認識は，以下の5点のようなものであった［新日本有限責任監査法人 2015：50-52］．

　第1に議会や大統領，官庁幹部の予算編成および意思決定への貢献という点で PART には疑問があるということである．とりわけ，PART によって生み出される情報の「量」は，政治的意思決定の受容能力を大きく超えるものであった．この論点は，行政機関の有するいかなる種類の情報を，省庁幹部，大統領，あるいは議会へのアカウンタビリティの経路に乗せるのかという問題と密

接にかかわっている.

　第2にOMBの事務負担の問題である. とくにPARTにかかる厖大な事務処理は, OMBによれば, 大きな負荷であったという. PARTシステムの運用については, 各省庁との連絡・調整などを担うOMBの職員が圧倒的に不足していた. ブッシュ政権の末期においては, この問題が克服されなければならない重要な課題として認識されていたという.

　第3にOMBが担うPARTの格付けの活用についてである. OMBが背負う負荷の1つに現場の反発, とくに格付けの合理性にかかる省庁側の不信感がある. PARTの格付けについては, もともと各省庁とOMBとの綿密なコミュニケーションがはかられていた. ただし, 現場が重視する価値とOMB側の管理上の観点との間には離齬がみられた. これは「評価推進部局」と「評価実施部局」との認識の差であるといってよい. また, 十分に労力をかけて調整された格付けが, 連邦議会での審議において, けっして十分に活用されていたわけでもなかったという.

　第4に省庁側の所管するプログラムの単位の不揃いの問題である. 政府全体の視点からいえば, PARTのような一覧性を重視する悉皆型の情報集約を行う場合には, プログラムの単位が不揃いであることが, 集約結果に歪みをもたらす原因ともなる. とくにPARTによって, 予算の「選択と集中」をはかっていこうとする場合には, 「プログラムの標準化」が避けられない課題となる. しかしながら現状の各省庁から提出されるプログラムの単位は, そのような状態にはほど遠いものであった. これはPARTの根幹にかかわる論点でもあった.

　第5に省庁側の問題, とくにアウトカムやエビデンスの不足に関するものである. プログラムのアウトカムをはじめとする業績情報の説明に際しては, 日本でもそうであるが, 理念的にはエビデンスや客観的な業績情報に基づくことが求められる. しかし, この点が十分に確保されていたのかといえば, 依然として多くの疑念が残されていた. それはGAOが指摘していた「成果の導出に

際しての連邦政府機関の活動の寄与度の不明瞭さ」「成果志向の業績情報の欠如」「成果を重視する文化の未成熟」などと関連するものであった.

これらの課題はとくに OMB において認識されていた. オバマ政権における政府全体の業績マネジメントの改革の責任を負うジェンツは, これらの課題を克服しようとし, PART の改革を目指し, 当時, MIT ボストン校で勤務していた S. メッツエンボーンを OMB に招聘する. ここで特筆しておきたいのは, PART の廃止, GPRAMA の基本アイデアの提供についてのメッツエンボーンの貢献が小さくなかったということである.

（2）PSAs とスタットムーブメント

さらに, 業績マネジメントの改革において OMB が参考にしていたものとして, 以下の 2 つがあった. 1 つは, 英国の労働党政権で展開した「PSAs」〔参照, 南島 2009〕であり, もう 1 つは当時地方政府でブームとなっていた「スタットムーブメント」である.

PSAs は日本で2009年に成立した民主党等連立政権において「政策達成目標明示制度」の導入が検討されていたが, そのモデルとして知られていたものである. PSAs は, 政府・政治が主導するアウトカム指標のもとで行政機関のアウトプット活動を体系的に整理しようとした試みであったこと（政治主導）, そのスローガンとして SMART（Specific, Measurable, Achievable, Relevant, Timed: 具体的か, 測定可能か, 達成可能か, 適切か, 実施時期や期限は明示されているか）が掲げられていたこと（具体性・明確性の追求）,「エビデンスベースド」「データドリブン」といった要素を加味したものであったこと（エビデンス・データ志向）を指摘しておくことができる. なお, OMB の担当者は英国の財務省の担当者とコンタクトを取り, PSAs の運用に関する聞き取りなども行っていたという.

他方の「スタットムーブメント」については, 当初一部自治体（氷見市, さいたま市）が関心を寄せていたが, 日本ではほとんど知られていない. スタットムーブメントはボルチモア市などの活動として注目を浴びていたものであった.

それは，業績測定の欠陥，すなわち，「欠陥業績指標」(poor performance) 問題（＝意思決定に活用できない業績情報問題）を克服しようとするものであった [Behn 2014：vx]．具体的な取り組みとしては，これを克服するためのリーダーシップ戦略 (leadership strategy) を持つこと，スタットあるいはシティスタット (Stat/CitiStat) 等とよばれる幹部会合において業績向上を目指した実質的な議論をもつこと，そしてその際に業績情報や深掘りをした特定課題分析を活用しようとすることなどを含むものである．

こうした PSAs やスタットムーブメントにおいて焦点化されていたのは，業績マネジメントと意思決定者とをつなぐことであり，意思決定者の側からいえば，業績情報やその分析を活用することであった．また，意思決定者が業績情報を活用する際の条件となるのは，膨大な業績情報の提供ではなく，対象プログラムが意思決定者にとって重要なものへと限定されること，当該プログラムについての洞察の高い多面的な分析情報が提供されることなどであった．逆にいえば，これらの点について，従来の業績測定は限界を抱えていたといえる．

（3）GPRA の改革

こうした課題認識とそれらの問題の解決のための処方箋を念頭におきながら，GPRA の改革は進行した．当面の取り組みとして登場したのは，HPPGs (High Priority Performance Goals) の導入であった．これは，OMB 側から予算要求に際して優先度の高いごく限られた一定の条件を満たすプログラム（1 省庁あたり 3 - 8 施策）を提出させるというものであった (2009年6月〜2010年2月)．これは，対象プログラムの「重点化」を志向するものであった．

さらにジェンツは新たな業績マネジメントにかかる原則を打ち出した (2009年10月29日)．具体的にその原則とは，① 上級職が責任をもつこと，② 目標・指標の階層化，③ アウトカム重視，省庁横断の目標・指標設定，④ 厳格なレビュー＆アカウンタビリティ，⑤ プロセスの透明化と市民・議会などの関与であった [Brass 2011：20]．

　時計の針を巻き戻すが，2009年4月には議会側に動きがあった．まず，テキサス州出身の下院議員，H. キュエラー議員がGPRAの改正法の草案を提出した．キュエラー議員は業績マネジメントの改善においても先駆的な，テキサス州議会の議員の経験があり，博士号を有する学識者でもあった．改正法案の骨格は，テキサス州議会での経験をふまえ，「予算と業績の統合」を念頭におくものであったという．IBMのJ. カメンスキーによれば，キュエラー議員の考えは，当時のOMBの動きとは異なるベクトルのものであり，提出された法案の内容はPARTの法制化を狙うものであったという．なお，同法案は下院を通過するも，上院にて大幅な修正を受け，2010年の12月に成立することとなった．

　この間の経緯において重要だったのは上院での法案修正プロセスであった．法案の内容はOMBの業績マネジメントの改革動向と同調しながら上院で大幅修正を受けていた．主なポイントは以下の3点であった．

　第1にPARTを中心とする内容は削除されたことである．これはOMBでの改革の流れをふまえたものであった．第2に上院での改正において参考にされた重要なアイデアはOMBのメッツェンボーンが提供したものであったことである．具体的には，各省庁のPIO（Performance Improvement Officer）やPIC（Performance Improvement Council）の設置，HPPGsをアレンジしたAPGs（Agency Priority Goals）や省庁横断的な目標であるCAPGs（Cross Agency Priority Goals）の導入，四半期レビューなどがそうである［新日本有限責任監査法人2015：69］．第3に，実際に重要な条文の作成過程にはGAOのB. リットが参加していた．リットによれば本件においてGAOとOMBは改革に相互に協力しており，十分なコミュニケーションを取りながら，法案修正作業を進めたとのことであった．

　上院で大幅に修正された修正法案は下院に戻されたが，そこでいったん否決されることとなる．しかし，中間選挙に前後し，年末の混乱のなかで修正法案は成立し，翌2011年1月4日に大統領のサインを受けて発効することとなる．

（4）各省側の運用状況

　省庁側にとって，GPRAMA は米国連邦政府の業績マネジメントのあり方を刷新させるものとなった．ここで省庁側の受け止め方について，以下の5つの基本論点を指摘しておきたい．

　第1に，各省庁で GPRAMA の責任者は COO（Chief Operating Officer, 副長官）であり，その下で PIO，すなわち業績向上担当官が中心となって運用をつかさどる体制となった．ただし，この PIO の実像は省庁によって差がある．PIO は単独で任命される場合もあるし，PIO が CFO（Chief Financial Officer）を兼ねている場合もみられる．いずれにしろ各省庁では PIO が中心となり，戦略目標や APGs の策定，スタットとよばれる会議体の運営や OMB との協議，各種報告書の作成などが取り組まれていった．

　第2に，各省側から OMB を経由して議会に届けられる報告内容についてである．これは GPRA の時代に較べて大幅に縮減されることとなった．APGs や CAPGs がその具体的な内容であるが，具体的には，APG は省庁ごとの目標で，2015年度予算ではその数は96とされており，CAPG は連邦政府全体の横串的な目標であって，その数は15とされていた．

　APGs や CAPGs への重点化は，すべてのプログラムについて格付けを行う PART を廃止したこと表裏の関係にあった．それは，前出のカメンスキーによれば，ブッシュ共和党政権下のアカウンタビリティ志向から，オバマ民主党政権下における省庁の自律性やガバナンス志向への転換を意味するものであったという．

　第3に，省庁内部での会議体の運営についてである．これは省庁によって運用が異なるが，「スタット」とよばれる会議体のあり方に関係している．スタットとよばれる会議体は，日本の省議や庁議，あるいは幹部会合に相当する．そのなかにおいて，APGs に関する情報共有もはかられることとなった．ただし，この会議体がすべて APGs だけの議論しているわけではない．むしろ，一般の幹部会合などの席上で APGs の情報が提供され，共有されているとい

った方が適当である.

　第4に, 業績情報の活用についてである. そもそも業績情報を組織管理に対してどのように活用するかという問題は各省庁側に委ねられる種類の問題であった. 例えば, 長官が業績マネジメントに熱心であった場合には, 当該省庁では業績情報による組織運営や長官へのアカウンタビリティが発達する. 他方で, 部下に任せ, 部下の自発性を重視するタイプのリーダーシップの下では, また異なるマネジメントが展開することとなる. そのアクセントのおき方は, 省庁によって, あるいはリーダーシップの発揮の仕方などによって異なるということである.

　第5に, 省庁によっては定量的な数値管理を得意とし, 省庁内部の業績マネジメントや意思決定のあり方に関連して, 積極的に業績情報を活用しているところもあった. 例えば住宅都市開発省 (HUD) のように, 統計分析の担当部署を整備し, 恒常的に業績情報の分析・整理を展開する省庁もみられる. 全連邦政府的な観点からは, エビデンスベースド, データドリブンが強調されていたが, 省庁によってその取り組みに濃淡があり, その運用状況は, 一律的ではなかったということである.

┼ 4．日本への示唆

（1）プログラムと予算

　本章の小括として GPRA の運用実態とその改革から, 以下の3点に触れておくことにしよう.

　第1に予算と行政活動の関係についてである. ここまでの議論でも, 時の政権によって連邦政府の業績マネジメントのあり方については幅があることを指摘していた. 例えばブッシュ共和党政権においては, 「予算と業績の統合」が掲げられ, これを実現する手法として, PART や業績予算などが創出され, 予算と行政活動の距離の縮小が模索された. 他方, オバマ民主党政権では,

PART の廃止，GPRAMA への改革のなかで，予算と業績との離隔距離を引き離すような方向での改革が進行した．

　「予算と業績の統合」を実現しようとするならば，「予算査定」のために，個別の「プログラムの効果検証」が前提とされなければならない．また，個別のプログラムは，体系的に整理された「計画」の下で秩序正しく管理されることが望ましいともいえる．ただし，こうした考え方は，OMB のような予算管理部門と現場の各省庁との間に緊張関係を生み出しがちである．また，OMB にしてみれば，その作業負荷も無視できない．

　「予算と業績の統合」をめぐる関係構図は，かつての PPBS の経験と酷似している．PPBS は，各省庁の「予算」「施策」「計画」を一体的に運用しようとしていた．PPBS 以前の予算編成では，セクショナリズムに引きずられ，その上位にある「施策」や「計画」からの視点が弱かったが，PPBS はこれを克服しようとしていた．

　すでに指摘したように，PPBS は，「予算」→「施策」→「計画」という従来型のロジックを，PPBS では「計画」→「施策」→「予算」という形に逆転しようとするものであった．しかしながら，このためには「計画」「施策」レベルの中長期的な将来の活動の予測や分析が必須であった．PPBS は，これらの分析の具体的な取り組みを予算要求と絡めて各省庁側に求めるものであった（参照，表3-1）．

　PPBS の時代，こうした分析手法の活用を現場に求めることで生じていたのは，現場と管理部門との軋轢であった．また，行政府側が予算編成の前提となる「計画」「施策」といった上位規範への接近を追求すればするほど，いいかえれば，政策を科学的に合理化しようとすればするほど，本来，政策責任を有するはずの立法府との軋轢も昂じていった．PPBS が「野心的」と称されるのは，こうした政府部内の関係構図を捉えてのことである．そして，そうであるがゆえに PPBS は，その協力者と推進力とを失い，やがて失速していかざるをえなかったのである．

表 3 - 1 政策レベルの区分

レベル区分	行政機関の枠組み	期待される機能	該当する PPB の要素
Policy Level (政策レベル)	長期にわたる計画 (計画による規律)	長期的なゴールの設定 (長期的なインパクト)	Planning(計画)
Program Level (施策レベル)	中期的な目的目標 (目標による規律)	アウトカムへの志向性 (中期的なアウトカム)	Programming(施策)
Project Level (事業レベル)	予算査定の枠組み (予算による規律)	毎年度予算での実現性 (予算のアウトプット)	Budgeting(予算)

出典:筆者作成.

図 3 - 1 ロジックモデル

出典:Hatry[1999=2004]をもとに筆者作成.

　予算と行政活動との距離を縮小しようという試みについては，こうしたリスクが潜んでいることを教訓としてよく理解しておく必要があるだろう．

（2）省庁のガバナンス

　第2に，省庁側のマネジメントの自律性についてである．原理的にいえば，予算と行政活動の距離を縮小し，予算を通じてすべてのプログラムを制御しようとする場合には，その論理的帰結として，図3-1でみるようなロジックモデルのすべての局面についての，業績情報の把握が必要となってくる．

　GPRAMA 下においては，議会へと向かうアカウンタビリティは，APGs や CAPGs に限定されていたという点に特徴があった．その意義は，省庁側の作業負荷の低減や省庁の自律性を尊重する点にあった．労働省の PIO であったフレデリクソンによれば，GPRAMA 下では，図3-1のうち，「中間アウトカム」（intermediate outcomes）や「最終アウトカム」（end outcomes）だけが大統領や議会へと向かうアカウンタビリティの経路にのせられるべきものと整理され

るのだという．それは要するに「インプット」「諸活動」「アウトプット」にかかる業績情報は内部管理情報として，組織管理に必要な範囲で収集・分析・活用すればよいということ，換言すれば大統領や議会へと向かうアカウンタビリティの経路にのせられるべきものではないものと整理されうることを意味している．この整理こそが GPRAMA の本質を表現するものである．

　このような整理は，過剰なアカウンタビリティ（Hyper-accountability）を抑制し，アカウンタビリティのジレンマ［山谷 2005］現象から組織の自律性（オートノミー）を護るためにも必要なことなのだろう．

（3）政府部内の関係

　第 3 に，GPRAMA 全体の枠組みと政府部内の関係についてである．OMB は大統領の命を受け，連邦政府全体の業績マネジメントを推進する立場にある．このとき，行政府内では，大統領と OMB 長官，および OMB と各省庁との間に規律・忖度関係が生じている．予算と行政活動との関係を規律しようとすればするほど，組織間関係におけるコンフリクトの発生確率は高くなる．とくにOMB 側においてストレスが過剰となれば，かつての PPBS と同じように，制度破綻のリスクも高まることとなる．

　立法府と行政府の権力分立に目を向ければ，OMB は法にもとづき議会に対して情報を提供する立場にある．予算編成権をもつ連邦議会の立場からは，行政府に対し，予算編成に関して精度の高い有益な情報の提供を求めたいところである．

　そうであればこそ OMB は，PART の反省をふまえつつ，アカウンタビリティの範囲を限定する方向へと舵を切ったのではないか．厖大な情報提供はかえって議会審議の効率性を阻害しかねず，ひいては評価結果の議会での活用可能性を低下させてしまいかねない．そのように考えれば，どのような量と質の情報を，権力分立をまたいだアカウンタビリティの経路のうえにのせるべきか，あるいはそのようなことはせず政府部内にとどめるべきか，またはあくまでも

組織の管理情報として留保するにとどめるのかという課題があったということ
であったのだろう.

　これらを整理すれば，① 組織内で管理すべき情報，② 政府全体のリーダー
シップのために確保しておくべき情報，③ 議会との関係において法レベルで
担保しておくべき情報の大きくわけて 3 層の情報をどのように整理するのかと
いう観点が，GPRA 改革の論点の 1 つとして浮上していたといえる．行政府
から立法府へのアカウンタビリティの経路にのせられるべき情報は，いうまで
もなくこれらのうちの③として再設定されたのであり，それ以外の情報とは区
分され，整理されることが，意味のあることと考えられていたということなの
だろう.

注
1 ）　筆者は2014年から2015年にかけて会計検査院において行われた調査研究，『「アメリ
　　カの政府業績成果現代化法（GPRAMA）等の運用から見た我が国の政策評価の実施及
　　び会計検査」に関する調査研究』（新日本監査法人受託，田邊國昭委員長）において，
　　米国ワシントン D. C. での現地調査に同行した．そこで得た知見の多くは上記の報告書
　　に収録されている．本報告書の全文は会計検査院の HP からダウンロードおよび参照
　　可能である（http://report.jbaudit.go.jp）．現地調査は2014年10月に行われ，山田雄二
　　（会計検査院），左近靖博・三浦雅央（新日本有限責任監査法人）および筆者の 4 名が
　　訪米した.
2 ）　「評価文化」については，Frubo, Rist and Sandahl ［2002］および Jacob, Sandra
　　and Frubo ［2015］の議論が参考になる．Frubo, Rist and Sandahl ［2002：7-9］は評
　　価文化の国際比較を行う観点として 9 つの指標を提起していた．すなわち，① 多くの
　　政策領域で評価が行われていること，② 評価者が異なる専門分野から供給されている
　　こと，③ 評価に関する国内の議論があること，④ 専門的組織・機関があること，⑤
　　行政府内での制度化の水準，⑥ 議会での制度化の水準，⑦ 各政策分野における評価制
　　度の多元性および評価者の評価のあり方，⑧ 最高会計検査機関（会計検査院等）部内
　　での評価のあり方，⑨ アウトプット評価およびプロセス評価に対するインパクト評価
　　およびアウトカム評価の比率である．Jacob, Sandra and Frubo ［2015：13-26］によ
　　れば，日本は2001年段階では比較対象として選ばれた19か国中19位と低い位置付けで
　　あったが，2011年段階では19か国中14位に上昇しているものの，依然として高い水準

にあるとはいえないという．日本の評価文化の遅れは，Jacob, Sandra and Frubo［2015：13］の比較に基づいていえば，④の専門性（平均1.8ポイントに対して1.3ポイント），⑥の議会での評価の制度化の水準（平均値1.0ポイントに対して0.3ポイント）などの項目である．逆に，① 多くの政策領域での展開や⑤ 行政府内での展開では高いポイントが付されている．以下の本文の記述もこの分析結果に符合している．この論点については，南島［2019］も参照．

第4章 | 政策評価の定義と類型

　20世紀から21世紀への世紀転換期には，日本にも政策評価制度が導入されることとなった．日本の政策評価は，まず1990年代の後半に自治体の先駆的な取り組みが登場し，ついで中央省庁等改革の際に国の府省にも導入されていくという経過をたどった．その際には諸外国，とくにアメリカ合衆国での経験がよく参照されていた．

　ところが，そもそもの「政策評価とは何か」という問題について，日本国内の議論は未成熟なままであった．参照元のアメリカの経験は多彩であったし，それを媒介する学問的なバイアスもあった．何より，日本での政策評価の理解は個々の学問分野の中で断片化したまま，相互理解を阻む断層は架橋されないままであった．

　「政策評価とは何か」を明らかにするためには，政策評価という概念のなかに含まれている意味内容を精査し，整理しなければならない．これまでの章で触れた，アメリカ合衆国連邦政府の蓄積はその手がかりを与えてくれる．

　本章ではこうした問題関心に基づき，「政策評価とは何か」という問いにあらためて向き合うことにしたい．

┼ 1．政策評価の概念

（1）概念をめぐる混乱

「政策評価とは何か」という問いに対して，いわゆる通説は存在しない．本

書の冒頭では，さしあたりの定義として，「行政活動に潜むプログラムを対象とし，このプログラムにかかる情報を整理しようとするものである」と述べた．しかし，それはまだ漠然としすぎている．

　ある論者にいわせれば，それは，「政策立案」のための「定量的な分析」を行うことだという［金本・蓮池・藤原 2015］．また別の論者によれば，それは，「サービスあるいはプログラムのアウトカムや効率性を定期的に測定すること」［Hatry 1999＝2004］とされる．さらに別の論者は，「社会プログラムの働きと効果に関する情報の収集・分析・解釈・伝達を目指す社会科学的な活動」［Rossi, Lipsey and Freeman 2004］であると説明する．さらには，「プログラム等の改善に寄与する手段として，明示的・黙示的な基準を参照しつつ，プログラム等の業務内容や効果を体系的に精査すること」［Weiss 1997］であるする論者もいる．

　これらの定義はいずれもがただしいものである．しかし，それらはまったく異なる文脈の説明を行っている．ただ漫然とこれらの定義をみていると，政策評価は万華鏡のように自在にその姿を変えているかのようにも思われる．政策評価の定義をめぐっては，「百家争鳴」「呉越同舟」とよくいわれるが，その形容は言い得て妙である．

　「政策評価とは何か」についての理解の難しさについては，行政実務・学問研究の双方に原因がある．政策評価は社会諸科学の研究手法を行政実務に応用しようとするものである．他方で，行政実務は現実社会のなかで理想ばかりをおいかけているわけにはいかない．政策評価制度はその狭間におかれているのである．

　日本で政策評価が導入されていった際には，行政実務と学問研究を架橋する新たな「共通言語」を生み出すことが提起されていた．その出発点は「政策評価とは何か」を共有するところからはじめられなければならなかったはずであった．そのうえで，政策評価に期待されていたのは，経済学，経営学，政治学，行政学，社会学などの社会諸科学を横断し，これを行政実務に応用することで，行政のあり方を今の時代に見合ったものにすることであった，はずであった．

　しかし，「共通言語」の試みはかならずしも成功しなかった．これを整理する役割を担う学問世界の側では，異なる知的体系間(ディシプリン)の関係は，相互排他性や対立ばかりが目立った．それは，それぞれの学問分野の知的蓄積や妥当性境界が異なることを証明するばかりでしかなかった．

　学問世界の側からいえば，自らの分野の知的蓄積こそが，当該分野における知的訓練・知的再生産の源泉にほかならない．それを乗り越えて「共通言語」を作り出すのは，アカデミズムにとっては，自己否定のリスクをはらむものであった．このことについて山谷清志は，政策評価が「異種混交」を志向しつつも「同床異夢」に過ぎなかったと揶揄している［山谷 1997］．

　以上をふまえ，本章ではあらためて「政策評価とは何か」という問題に向き合う．本章ではまず，すでに紹介したアメリカの3つの制度経験を敷衍する．つぎに，日本版の評価類型を参照しよう．そのうえで，政策評価の3つの理念型にせまりたい．

（2）制度・手法・成果

　まず，すでに紹介したアメリカの3つの制度経験を敷衍しよう．

　第1にPPBSである．PPBSの日本への適用の努力は大きく分けて以下の2種類であった．

　1つは「制度輸入」である．先にも触れたが，大蔵省や経済企画庁，一部の自治体や研究者の間ではリアルタイムでPPBSに関する研究が蓄積されていた．その際，まず関心が集まったのはその制度的側面である．アメリカの制度を日本に輸入することは，コンピュータになぞらえれば，異なるOS環境への，アプリケーションの移植作業のようなものである．異なる統治構造であるにもかかわらず，個別の行政制度が輸入されることはごく一般的に行われている．しかし，それが同じように機能することまでは保証されているわけではない．

　PPBSも単なる制度輸入では済まされなかった．そこで登場するのがもう1つの「手法摂取」である．PPBSの背景にあったのは，ランド研究所を中心と

した経済学，オペレーションズ・リサーチ，システムズ・アナリシスなどの数理系のアプローチであった．数理系のアプローチは，かつては費用便益分析，近年では規制影響評価（RIA: Reguratory Impact Analysis）や証拠に基づく政策立案（EBPM: Evidence-Based Policy Making）などとつながっている．その中心につねに位置していたのは，「合理的選択のモデル」であった．異なる OS 環境への移植をより実効的なものにしようすれば，アプリケーションたる「手法摂取」についても条件を整える必要があった．しかしそれは，大学院レベルの数理系のアプローチへの習熟を要するものであった．

　第 2 に GAO のプログラム評価である．GAO のプログラム評価の日本への適用の努力も 2 つの種類がある．

　1 つは，「制度輸入」である．GAO の活動は，GAO という権威ある議会補佐機関の存在が目を引く．そこで重要となるのが，「評価の外部性」「評価の（外形的）客観性」「行政のアカウンタビリティの確保」などである．それを日本に導入することができないかという問題意識をもった際に登場するのが，国会の行政監視機能の充実方策としての「日本版 GAO 構想」である．

　日米の政府構造を比較した場合，まず，大統領制なのか，それとも議院内閣制なのかという基本的な権力分立のあり方の違いがある．そのうえで，GAO は立法府側から行政府側に対して監視機能を補強しようとするものであるのだが，この両者を素朴につなぐと，かつて民主党が提案していたような日本版 GAO 構想となる［窪田 2005 : 39-56］．かつての日本版 GAO 構想は参議院に行政監視院を設け，GAO と同様の機能を持たせようとした．しかし，それを実現するためには，権力分立の基本的なあり方にまで遡った検討が必要であった．

　いま 1 つは PPBS の場合と同じく「手法摂取」である．プログラム評価では，経済学，オペレーションズ・リサーチ，システムズ・アナリシスなどの数理系のアプローチのほかに，さらに計量社会学がくわわる．また，PPBS が政策決定の前段階への介在を志向していたのに対し，プログラム評価の場合には，政策決定後の政策実施をふまえた，プログラムの効果の同定が課題となる．社

会学の手法，とくに社会調査法は，プログラムの効果の事後的な同定に貢献するものである．

　第3にGPRAである．GPRAの日本への適用の努力も2つの種類がある．

　1つは「制度輸入」である．GPRAと同様の仕組みを日本に持ち込もうとした際には，GPRAを成立させるための政府部内の手続的側面を整備する必要がある．そこにあるのは，行政機関の自己評価やそのチェック・システムのあり方である．OMBやGAOといったとりまとめ機関や政策評価の支援機能をもつ機関の存在，予算とプログラムの連結のシステムなどは政府部内の関係構図のモデルとなりうる．こうした制度輸入のハードルは高いわけではない．

　もう1つは「成果志向」である．GPRAの中核は，マネジメント・サイクルの確立にある．GPRAは評価類型上は業績測定にカテゴライズされるが，その手法面での難易度は，PPBSやGAOのプログラム評価よりもはるかに低い．なお，GPRAで工夫が凝らされていたのは，評価手法そのものではなく，計画や戦略などの周辺的な制度の方であった．

（3）　4つの次元

　ここまでの議論を整理すると，「制度」「手法」「成果」という3つのキーワードが浮かびあがる．このことをふまえ，アメリカの政策評価の蓄積に対する日本への適用の努力を，「制度志向」「手法志向」「成果志向」という3つの次元で捉えなおしてみよう．

　第1に「制度志向」の次元である．GAOのプログラム評価の例にあるような外部性，あるいはGPRAやPARTの制度を参考に論じられるような客観性の仕組みはこの次元にまとめられる．そこでは，政策評価に関する制度や手続きをどのように構築するのかという点が焦点となる．

　第2に「手法志向」の次元である．「合理的選択のモデル」はこの次元の議論となる．そこでは，分析手法にアクセントがおかれ，数理系のアプローチを政府活動に対してどのように応用するのか，またその応用範囲をどのように拡

張することができるのかに関心が寄せられることとなる.

　第3に「成果志向」の次元である. GPRA にみられるような, 計画や戦略を含めた政策のマネジメント・サイクルの確立のための論議や内部管理の改善論はこの次元に該当する. そこでは, 民間企業を模した, 成果主義・顧客志向が注目され, 究極的には民間企業と同様の業務プロセスの改善や職員の意識改革が目指されることとなる.

　なお,「成果志向」の最大の特徴は, その外延が際限なく拡張する点にある. より高い成果を生み出すためには,「業務プロセスの改善」が求められる. そのためには,「マネジメント・サイクル」を回す必要がある. 具体論でいえば, マネジメント・サイクルの中核には予算がある. 予算の議論では, 成果との連結やコスト把握が求められる. コスト把握のためには, 公的部門の場合には公会計改革が論じられる. そこでは財務諸表の整備, 複数年度会計, 連結決算などが改革のテーマとしてうかびあがる. さらには事業別予算や枠予算, これらと連動する組織機構の改革が論じられ, 最終的には職階制型の公務員制度改革や成果主義型の公務員報酬のあり方も論じられることとなる.

　要するに,「成果志向」は, それを論理徹底すれば, およそ組織活動の全般におよぶところにまでその外延を拡張するものとなるのである.

　ここで指摘しておきたいのは,「成果志向」において, 政策評価の部分を識別し, それを切り取ることが難しいという点である.「成果志向」の次元においては, 政策評価の輪郭は曖昧となる. すなわち, どこまでが政策評価の守備範囲であり, どこからがそうではないのかという線引きが難しくなる.

　この3つの次元に加えておくべきであるのが, 実際に政策評価を行う個別政策の担当部局の視点, すなわち「自己評価」の次元である. 個別政策の担当部局は, 好むと好まざるとにかかわらず, 政策評価を自らの所管する政策の振り返りの道具として活用することを求められている.

　「自己評価」の次元では, 政策評価と政策実施が不可分の関係となる. 従来の政策評価論は, 制度設計論に傾斜していたため, この制度運用局面で登場す

る「自己評価」の次元が十分にふまえられていなかった. この制度運用をふまえた「見失われた環」を埋める作業が制度運用論としての政策評価論には求められている.

┼ 2. 日本版の評価類型

日本版の評価類型は, 中央省庁等改革ののちに策定された「政策評価に関する基本方針」(2001年12月28日閣議決定) において整理された「標準的な評価方式」において示されている. ここには,「事業評価方式」「実績評価方式」「総合評価方式」の3つが含まれる. つぎにこれを確認しよう.

(1) 事業評価方式

第1に「事業評価方式」である. 基本方針の別紙では,「個々の事業や施策の実施を目的とする政策を決定する前に, その採否, 選択等に資する見地から, 当該事業又は施策を対象として, あらかじめ期待される政策効果やそれらに要する費用等を推計・測定し, 政策の目的が国民や社会のニーズ又は上位の目的に照らして妥当か, 行政関与の在り方からみて行政が担う必要があるか, 政策の実施により費用に見合った政策効果が得られるかなどの観点から評価するとともに, 必要に応じ事後の時点で事前の時点に行った評価内容を踏まえ検証する方式」と定義されている.

事業評価方式については,「その採否, 選択等に資する見地から」とあるように, 事業の採否・選択の段階, すなわち意思決定の前段階にて行うことが予定されている. また,「あらかじめ期待される政策効果やそれらに要する費用等を推計・測定し」と書かれているように, 数理系のアプローチの1つである費用便益分析の利用が前提とされている. 事業評価方式の具体的な内容を理解するには, 個別事業ごとの費用効果分析の実施を担保するためのマニュアルを参照しなければ理解することはできない. その評価対象政策となるのは, 個別

の公共事業のほか，規制影響分析の対象となる許認可等である．

（2）実績評価方式

　第2に「実績評価方式」である．これについては基本方針の別紙では，「政策を決定した後に，政策の不断の見直しや改善に資する見地から，あらかじめ政策効果に着目した達成すべき目標を設定し，これに対する実績を定期的・継続的に測定するとともに，目標期間が終了した時点で目標期間全体における取組や最終的な実績等を総括し，目標の達成度合いについて評価する方式」と定義されている．

　実績評価方式の基本的な考え方は，成果主義的な目標管理であり，その対象は，具体的な府省内の部局の個別の政策等である．ここではとくに，「測定」の前提として，「あらかじめ政策効果に着目した達成すべき目標を設定」することがおかれている点に注目しておきたい．それは実績評価方式とは別枠の議論であることに注意が必要である．具体的には，のちに「目標管理型評価」への見直しが行われる際に，「あらかじめ政策効果に着目した達成すべき目標を設定」するため，「事前分析表」の作成が別途求められることとなったことを補足しておきたい．このことが意味するのは，「実績評価方式」の定義の外側に，「あらかじめ政策効果に着目した達成すべき目標を設定」することがあるという点である．

（3）総合評価方式

　第3に「総合評価方式」である．これは，「政策の決定から一定期間を経過した後を中心に，問題点の解決に資する多様な情報を提供することにより政策の見直しや改善に資する見地から，特定のテーマについて，当該テーマに係る政策効果の発現状況を様々な角度から掘り下げて分析し，政策に係る問題点を把握するとともにその原因を分析するなど総合的に評価する方式」と定義されるものである．

　総合評価方式はいわば，「当該テーマに係る政策効果の発現状況を様々な角度から掘り下げて分析」するために，定型フォーマットの記載を求める形式ではなく，より柔軟な文書形式のアウトプットが想定されている．そのモデルとなっているのがプログラム評価である．すなわち総合評価方式は，行政機関の日常的な評価方式として期待されているものではなく，むしろ重要な政策に対して重点的に検討を行う際に，専門性をもって実施することが想定されている評価方式である．例えば，「政策評価に関する標準的ガイドライン」を参照すると，この評価方式においては，クロスセクション分析や時系列分析を用いたより高度な手法を用いた分析が紹介されている．そのような分析は多くの行政機関が日常業務として行いうるものではない．

　国の行政機関においては，各府省はこれらの評価方式のなかから，自らの所掌する政策に適合する評価方式を選び，あるいはこれ以外の評価方式を採用し，自由に評価のあり方をデザインすることができるとされている．これら3つの日本版評価類型はそれぞれ，PPBS，GPRA，プログラム評価と親和性がある．アメリカの場合には異なる時代の異なる評価方式としてこれらが登場していた．後述するように，それを日本では，「政策評価制度」という1つの制度枠組みのなかに併存させているのである．

十 3．評価類型の一般化

（1）評価の理念型

　ここからの議論は，アメリカのPPBS，GAOのプログラム評価，GPRAという3つの異なる制度経験や，「事業評価方式」「実績評価方式」「総合評価方式」という日本版の評価類型が，どのように抽象化できるのかに特化しよう．

　図4-1は，OMBが政策評価の説明の際に用いていたものである．この図ではまず，意思決定から過去側（retrospective）に，過去の「目標値」（Target）と「現状値」（Actual）との乖離が描かれている．そのうえで，「基準値」（Base-

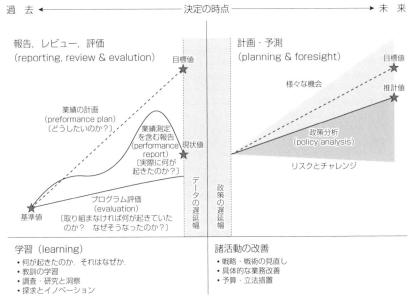

図 4‑1　OMB による評価類型のイメージ

出典：OMB 提供資料（2014年）.

line）と「目標値」とを結ぶ「業績計画」（Performance Plan），現状を把握するた
めの「業績測定を含む報告」（Performance Report），因果関係を解明しようとす
る「プログラム評価」（Evaluation）の3つが掲げられている．「目標値」と「現
状値」の乖離を把握しようというのは「業績測定」の役割である．また，「現
状値」に至る因果関係を解明しようとすればそれは「プログラム評価」となる．
この図の左半分はこうしたことを説明している．

　なお，この図の右半分は意思決定のポイントから未来側（prospective）にお
いて展開するものとして「政策分析」をおいている．「政策分析」の先には
「推計値」（projection）がおかれている．ここでいう「推計値」とは，こうした
いという「目標」ではなく，データやエビデンスにもとづく推計やシミュレー
ションをともなうもののことである．

　この図にはさらに続きがあり，「過去の業績」（past performance）に関して，

「アウトカム／インパクト」と「政策実施過程」とが区別されている. そして,「アウトカム／インパクト」の範疇では総括的評価 (summative evaluation) が展開するとされている. 他方,「政策実施過程」は行政組織内のプロセスとされており, ここにおいて形成的評価 (formative evaluation) が展開するとされている. 総括的評価には「プログラム評価」が, 形成的評価には「業績測定」が, それぞれあてはまる.

　図4-1のポイントは以下の3点である. 第1に「政策分析」「プログラム評価」「業績測定」という3つの評価の理念型を1つの図のなかで描き出し, 識別している点である. 第2に, 3つの評価の理念型を意思決定を境として「事前評価」と「事後評価」に整理している点である. すなわち,「事前評価」には「政策分析」が該当し,「事後評価」には「業績測定」と「プログラム評価」が整理されている. 第3に,「業績測定」と「プログラム評価」の違いを「目標」と「現状」の乖離を把握するためのものか, それとも「基準点」から「現状」への因果関係を解明しようとしているものなのかという形式でシンプルに整理している点である.

　以下ではさらに, 表4-1で示すような「政策分析」「プログラム評価」「業績測定」の3つの理念型に抽象化させた議論をみておこう.

（2）政 策 分 析

　「政策分析」の中核にあるのは「合理的選択のモデル」である. 宮川公男によれば, PPBS の骨格たるシステムズ・アナリシスの構成要素は以下の5点であるとされる. これは「合理的選択のモデル」とよばれている［宮川 1969：108-109］.

　　(a)目　　　的：問題解決のために志向すべき望ましい方向
　　(b)代 替 案：ある目的を達成するための手段として選択の対象となる候補
　　(c)費　　　用：プログラム等を実施するために投入された資源の機会費用

表 4 - 1　政策分析・プログラム評価・業績測定

	政策分析型 policy analysis	プログラム評価型 program evaluation	業績測定型 performance measurement
目的等	個別分野への知的貢献，個別政策分野の合理化志向	個別分野への知的貢献，政府のアカウンタビリティを追求	財政逼迫を背景に普及，全政府的なマネジメントを志向
科学主義の程度	非常に強い（科学主義）	強い（科学主義）	弱い（実用主義）
評価の時点	事前（ex-ante）	事後（ex-post）	
基本的手法	費用便益分析等の分析	政策実施過程の調査分析	政策実施状況の監視
アウトカムへの態度	政策決定前にアウトカムを予測	政策実施後にアウトカムを多面的に検証	計画で示されたアウトカムとの差を事中・事後に測定
反映の方法	計画段階の合理化	教訓の導出，制度見直し	管理改善，予算への反映
具体的制度 （米・日）	PPBS，公共事業評価・規制評価・研究開発評価・ODA 評価等（事業評価方式）	GAO プログラム評価，行政評価局調査（総合評価方式），社会的インパクト評価等	GPRA，自治体の評価，独法評価，府省の目標管理型評価（実績評価方式），事業仕分け等
特 徴	個別型・予測型	個別型・深掘型	総覧型・悉皆型
学問的背景	経済学，OR，システム分析，工学など	経済学，社会学，統計学，政治学，行政学など	経営学，会計学，管理会計論，企業経営モデルなど

出典：石橋・佐野・土山他 [2018：187] が初出．一部改変．

　　(d)効　　果：個々の代替案の目的に対する貢献の度合い（便益あるいは有効
　　　　　　　度）
　　(e)評価基準：代替案の望ましさの程度を測定する尺度（費用便益比等）

　さらに，「合理的選択のモデル」は，過去の政策を分析しようとしているの
ではなく，意思決定の前に，参考となる情報を入手しようとするものである．
予測に基づく分析情報を産出するものである．このモデルは，日本版評価類型
のなかでは，「事業評価方式」と高い親和性が認められる．

（3）プログラム評価

　これに対し，「プログラム評価」は，事後評価としてアウトカムの可視化や

アカウンタビリティの確保に貢献する点にその意義をみいだすことができる.

「プログラム評価」とは何か.「プログラム評価」にはいくつかの説明の仕方がある. 基本的には何らかのプログラムを軸として, プログラムの基本設計 (セオリー) に関するレビューや可視化 (「セオリー評価」(program theory evaluation)), プログラムの実施過程にかかるモニタリング (「プロセス評価」(program process evaluation)), プログラムの効果や結果に関するレビュー (「アウトカム評価」(program outcome evaluation)) の3つが含まれるものとして説明される[1]. そのいずれもが,「プログラム」を同定し, 可視化し, 共有するためのツールとなるのである [南島 2017].

さらに補足しよう. まず, プログラムの効果や結果に関するレビューによって明らかにされるのは, 政策の効果たる「アウトカム」である. しかし,「アウトカム」はあらゆるプログラムにおいて狙いどおりに発現するとはかぎらない. ここには以下の2つの失敗の可能性が潜んでいる. 第1に,「政策実施の失敗」(implementation frailer) である. 政策実施過程において, 様々な混乱が生じ, そのことによって政府プログラムが初期の効果を達することができないということがありうる. 第2に,「政策デザインの失敗」である. 政策のデザインに失敗してしまえば, それはそもそも「欠陥プログラム」(poorly designed program) であるということになる.

「政策実施の失敗」に対応するのが, プログラム・プロセスの検証を期待される「プロセス評価」である. 他方,「政策デザインの失敗」に対応するのが,「セオリー評価」である. さらに,「セオリー評価」「プロセス評価」「アウトカム評価」の3つは, ともに, あるいは相互に連携して「プログラム」を可視化しようとしている.「プログラム評価」はこれらを総称したもの, ということもできる.

ところで, プログラムの「アウトカム」を同定するためには, プログラムを取り巻く, 複雑かつ社会的な外部要因を徹底して排除しなければならない. そうすることではじめてプログラムの同定は可能となるからである. プログラム

評価の「応用社会科学」(applied social sciences) あるいは「評価研究」(evaluation research) といった別称は，こうしたプログラムの実施後のアウトカムレベルの精緻な分析を念頭におくものである．

　以上をふまえれば，「プログラム評価」はプログラムそのものの同定に焦点をおくものであることがわかるだろう．さらにそこから派生して，「プログラム・プロセス」や「プログラム・デザイン」を検証しようとするものであるといえるだろう．そしてそれらは一体となって，いわゆる有効性 (effectiveness) の解明を目指す方向を向いていることが理解されるだろう．これは，日本政府の「総合評価方式」における多面的分析の意味する内容そのものにほかならない．

（4）業 績 測 定

　「業績測定」は，実用主義に立脚するものであり，民間企業の目標管理手法をそのモデルとしている．その力点は，導入のしやすさ，取り組みの容易さ，悉皆型の包括性にある．

　「業績測定」の実質は，「所期の目的の達成度の把握」として理解することができる．このとき「所期の目的」は「業績測定」とは別のプロセスで策定しておかなければならないものとして整理される．「業績測定」は単に「所期の目的」と「現状」との乖離を測定するだけのものである．

　しかし，「業績測定」では，「予算」や「計画」との連結が重視される．それらがなければ，「業績測定」は実用主義的なものとはならないからである．すなわち，「所期の目的の達成度の把握」としての「業績測定」は，単体では不十分であるため，これに「計画」や「予算」を加味したアプローチが求められる．それが，「目標管理型評価」「業績評価」「行政評価」などとよばれている業績測定に付随するパッケージである，と説明することができる．さらにそれらは「成果主義」とともに用いられる．ここから，「成果主義」に基づくものとして，「目標管理型評価」「業績評価」「行政評価」は理解されるものとなっ

ている.

　「業績測定」のもう1つの特徴は,それが「成果主義」とリンクするときにおいて,「政策分析」や「プログラム評価」という別の評価類型との境界線を曖昧なものにしがちであるという点である.

　「成果主義」の下では,「業績測定」は「計画」へとリンクし,「予算」への反映を志向し,行政資源の成果主義的な,あるいは効率的な配分に貢献しようとする.このとき,「業績測定」と「政策分析」の関係は曖昧なものとなる.

　他方,「成果主義」の下での「業績測定」は,事後評価の一環としてアウトカム志向を強調したり,それを追求するために評価対象を重点化したり,深掘型の分析を志向しようとする.このとき,「業績測定」と,「プログラム評価」との境界線は曖昧なものとなる.

　これらはいずれも,「業績測定」のもつ実用主義的な特徴からもたらされる,「外延の拡張」という性向に根ざすものである.そしてそれを許容するとき,「政策分析」「プログラム評価」「業績測定」の境界線は無意味なものとなってしまう.

　評価類型論は混乱した議論の交通整理において意味をもつものである.それは政策評価の発展につながる基礎を提供するものでもある.この点に留意するとき,「業績測定」の「外延の拡張」は警戒しなければならないものとなるだろう.

（5）実用主義の陥穽

　評価類型が曖昧化する場合,一体どのような問題があるのだろうか.さらにこの点に言及しよう.論点は以下の3点である.

　第1に,政策評価に関係する諸概念をいつまでも曖昧なまま使わなければならないとするならば,さらにいつまでも評価をめぐる議論を深めることができないということになる.評価をめぐる議論を深めるためには,関係する諸概念を分類・整理することやそれらを精緻化させていくこと,あるいは概念間の関

係を洗い直していくこととなる．それがかなわない場合，行政のアカウンタビ
リティについてはいつまでも向上しないということになるだろう．

　第2に，評価類型の曖昧化は評価の科学性や厳密性をないがしろにしかねな
いということである．「政策分析」や「プログラム評価」は評価の理念型とし
ての意義がある．いいかえれば「政策分析」や「プログラム評価」は科学的か
つ厳密な議論によって政策のあり方を規範的に拘束する可能性を内包している．
また，そのような意義があればこそ，評価類型においては，「業績測定」以外
に，「政策分析」や「プログラム評価」を語る価値があるといえる．この緊張
関係を解き，評価類型を曖昧化させてしまえば，行政実務と学理との緊張関係
をも断絶させかねない．それは政策評価が志向する合理性の追求に違背するも
のとなる．

　第3に，民主主義の形骸化への懸念である．実用主義がかしずくのは，往々
にして時の政権の政治的な意思である．こうした実用主義に対し，科学主義的
な合理性がもたらす緊張関係にこそ，政策評価の意義はみいだすことができる
はずである．政策の合理性はしばしば，現実の政治に緊張関係をもたらすもの
となる．そこに期待されているのは，民主主義の発展である．その緊張関係は，
安易に解除されるべきではないだろう．

4．制度一元化との矛盾

（1）理想と現実

「政策分析」「プログラム評価」「業績測定」という評価類型は，理論的にも
実務的にも網羅的なものとして知られている．日本の政策評価制度上も，「事
業評価方式」「実績評価方式」「総合評価方式」が整理されており，この評価類
型論との親和性が認められる．

　ただし，整理としては優れていたとしても行政実務としてこれを活用してい
く局面では多くの混乱に直面することとなる．具体論は次章以降にゆずるとし

て，ここには，以下の 3 つの論点を書き留めておきたい．

　第 1 の論点は，「制度」をめぐる理想と現実のギャップである．この 3 つの評価類型がそもそも異なる文脈における議論であるという点についてはこれまでにみてきたとおりである．だが，単一の制度の下に異なる評価方式を網羅しようとする場合，政策評価制度を「手続き」として一元化することしかできない．

　一元化された手続きと，政策の合理性を高めるために評価を自在に使いこなすこととの間には大きな乖離がある．制度運用段階で問題となるのは，評価の実施主体が，政策の合理性を高めるための方策として，ここまでに登場した評価類型を有効に活用できるのか，という点である．ここには，「手続的一元化」と「評価類型の活用」との間にギャップが認められる．

　第 2 の論点は，「手法」をめぐる理想と現実のギャップである．3 つの評価方式のうち，「政策分析」および「プログラム評価」には，科学的な政策効果の定量的把握やこれを基礎とした分析論が含まれていた．しかしながら，政策効果の定量的把握を適切に行うためには，相応の専門的訓練が不可欠である．数理系のアプローチにかかるトレーニングを受けていない一般事務職にこれを求めることは難しい．ここには，専門人材をめぐる論点を含む理想と現実のギャップが認められる．

　第 3 の論点は，「成果」をめぐる理想と現実のギャップである．成果主義的な観点からは，目標の設定の定量的把握，予算や機構定員などの行政資源の配分への評価結果の反映，成果に基づく職員の意識改革などが理想として掲げられる．これに対する現実は，数値目標はすべての部局が掲げうるものではない．それを無理に強いることによって無意味な業績情報を濫造してしまったり，行政資源の配分がしばしば行政部内のぶんどり合戦に転化したり，といったことが生じることとなる．

　成果主義的な目標設定はそもそも，政治によるリーダーシップや調整に委ねられるべきものである可能性がある．具体的な数値目標は，行政部内で定める

べきものではなく，政治責任の下で整理されなければならない場合もあるだろう．あるいは，行政実務に精通していない政治部門の意向によって，実現可能性のない数値目標が掲げられたりする場合に，闇雲に成果主義を唱えてよいということにもならないだろう．ここでは，行政の制御可能性という理想と現実の行政実態とのギャップが悩ましいものとなるのである．

（2）政策の合理化？

政策評価の「制度」「手法」「成果」をめぐる理想と現実のギャップはいずれも「政策評価制度」のうちの「評価」をめぐって論じられる．しかしながら，いま1つ，見落としてならない重要なポイントは，政策評価制度のうちの「政策」にかかわる議論である．結局のところ，合理化しなければならないのは「政策」そのものなのであって，これが合理的なものとならないかぎり，政策評価を行う意味も制度の意義もないはずである．それは「自己評価」の次元に還元される論点である．

日本の政策評価制度が政策そのものの改善に対して適切に作動しない可能性についてここでは触れておきたい．論点は以下の5点である．

第1に，「政策」の合理化が，専門性と組織防衛のいずれに向かうのかという論点がある．アメリカの場合には，多くの政府職員が選挙の度毎に入れ替わる猟官制の伝統がある．しかし日本の場合には公務員はいわゆる終身雇用であり，閉鎖型の任用形態である．それらの違いは，政策の専門性に忠誠を向けるのか，それとも政策を担う組織そのものに忠誠を向けるのかという相違となって顕在化する．ここに，政策評価が専門性に向かうのか，それとも組織防衛に向かうのかという論点が伏在していることを確認しておきたい［See, Silberman 1993 = 1999］．

第2に，政策評価で議論する「政策」の概念と機能概念としての「プログラム」についてである．政策評価では「政策」の概念は機能概念としてのプログラムにおきなおされる．「プログラム評価」の「プログラム」にはそのような

含意がある．だが，政策のなかに占めるそれ以外の要素——例えば政治問題として扱わなければならない領域が大きい場合——「プログラム」として扱うことが適当でない「外部要因」が混入する．この場合には政策評価の作動環境は不十分なものとなる．そもそも，「プログラム」という機能概念として「政策」はみられていないのかもしれない．そうであるとするなら，われわれは政策評価の作動前提に立ち戻って，もう一度考え直さなければならないのかもしれない．

　第3に，「政策」には，行政の守備範囲論がつきものである．規範的にいえば，政府の役割は，その財政規模の問題を含めて論ずるならば，できる限りミニマムであることが望ましい．この問題について，政策評価は「現状の政府政策の在り方の見直し」として積極的な役割を期待されている．しかし，民主主義社会の原則からいえば，行政の守備範囲は政治決断によって決定されるものであるはずのものである．その責任を行政のみに押しつけることができるのか．また，その判断を政策評価に期待してよいのか．そこには大きな疑問が横たわっている．

　第4に，分権社会の進展を考慮に入れるとき，国の「政策」の概念はより慎重に議論される必要がある．国の府省が問題を一元的に整理し，その合理性を高めようとする場合，中央集権志向を強めがちである．例えば事業官庁が行っている補助事業の評価の場合，実質的には自治体の責任であるにもかかわらず，評価が集権的統制的に運用される可能性もある．このような政府間関係論は政策評価論においても，十分に考慮しなければならない．

　第5に，中央省庁等改革期の，特殊法人等の改革手法として登場してきた政策実施過程の切り離しとその取り扱いをめぐる論点がある．例えば，独立行政法人通則法によって，独立行政法人は，別途，独立行政法人評価という評価スキームを与えられている．行政改革会議最終報告では，独立行政法人評価は政策実施機能の評価として，国の府省にかかる評価は企画立案にかかる評価として提起されていた．このとき，国の府省の政策評価と，独立行政法人の評価と

の間の「評価間関係」はなお十分に整理されていない．このことは，政策評価
のうえで，独立行政法人評価をどのように扱えばよいのかという問題と連絡し
ている．

注
1） ロッシらはさらに評価階層としてニーズアセスメントおよび効率性評価を加え，5
階層としている［Rossi, Lipsey and Freeman 2004］．なお，必要性，有効性，効率性
という3つの評価基準からいえば，本文で示した「セオリー評価」「プロセス評価」
「アウトカム評価」の3つはともに有効性評価の範疇の議論である．参照，南島
［2011；2017］．

第Ⅱ部　政策評価の設計と運用

第 5 章　政策評価の戦略と設計

　行政機関には，自らの戦略や活動の手段の見直しを不断に行うことが求めら
れている．または控えめにいったとしても，よりいっそう合理的な戦略やその
ために有効な活動の手段をもちたいとねがうものである．それを，組織外部か
ら強制することができるのか．ここには，行政機関の自律と規律の問題が伏在
している．

　組織外部からは往々にして組織内部の問題を明確に同定することができない．
そのため，組織外部からの要求は，しばしば抽象的なものとなりがちである．
そこで無理をしようとすればするほど，組織内部の自律性は損なわれることと
なる．組織の自律性の毀損は組織責任の希薄化にもつながりかねない．

　この問題を念頭におきながら，本章では国の府省の政策評価制度の導入期を
概観する．いったいどのような経緯で政策評価制度は導入されていったのだろ
うか．その改革戦略はどのようなものであり，どのような制度設計がなされて
いたのであろうか．

＋ 1．行政改革会議

（1）行 革 論 議

　国の行政機関に対する政策評価の導入が明確な形で政治日程にのぼったのは
1996年であった．同年，政策評価の登場にとって重要な2つの政治的な動きが
あった．第1に同年1月に村山富市首相が突然の辞意を表明し，橋本龍太郎連

立政権が誕生し，中央省庁等改革に向けた動きがはじまったことである．第2
に同年10月20日に行われた第41回衆議院議員総選挙において，行政改革がテー
マとなったことである．

橋本政権の成立後，自由民主党行政改革推進本部は，「橋本行革の基本方向
について」(1996年6月18日) をまとめた．ここには，政策評価や独立行政法人
制度に関連し，「事前統制型行政から事後チェック型行政への転換」や，「中央
官庁の政策立案部門と制度執行部門との間に適切な距離」を設けるべきとの主
張が謳われていた (2.(1)ハ.).また，同年9月11日の日本記者クラブにおけ
る総理講演においては，「省の大括り化」(22省庁の半減)，「官邸のリーダーシッ
プの強化と行政の機動的，弾力的な運用」とともに，「行政の透明化，自己検
証」が示された．その背景には，頻発する官僚の不祥事や薬害エイズ事件など
の過誤行政，そして55年体制の崩壊に関連し，自己改革を迫られる自民党の事
情などが重なっていた．このときの橋本首相の発言を引用しておくと以下のと
おりである．

　一連の不祥事や，護送船団型の行政の破綻，こうしたことから国民の間に
は従来になく行政への不信，この国の行政が国民から隔絶されたところで
官僚によって独善的に決定されているのではないか，あるいは，行政のた
めの行政になっておるのではないかという不信感が増大をしております．
こうした国民の声を真正面から受けとめて，行政への信頼を一刻も早く取
り戻しますために，従来の霞ヶ関を改革して，行政の立案過程や施策内容
を幅広く，出来るだけ多く国民に公開をし，不断にその批判を仰いでいく
という姿勢が今ほど重要な時期はないのではないか．行政情報公開法の早
期の策定や，政府審議会の公開の一層の促進などによって，行政文書や政
策立案過程を可能な限りガラス張りにしていくことや外部有識者による主
要施策の第三者評価・監査制度を導入することなども，透明，国民参加，
新陳代謝型の行政システムを構築していくべきではないでしょうか〔行政

改革鍵事務局 OB 会編 1998：1022].

　ここには，「透明，国民参加，新陳代謝型の行政システムを構築していく」
ために，「第三者評価・監査制度」が必要である旨が述べられている．これは
政策評価制度の萌芽として捉えることができる．またその狙いについては，行
政の透明性の確保，あるいは信頼性確保を読みとることができる．

　第41回衆議院議員選挙において，自民党は「中央省庁半減」「エージェンシ
ー化」「評価制度の確立」を公約に掲げていた．この際の「評価制度」の趣旨
は，基本的に先の橋本発言を踏襲するものであった．

　これに対する民主党は，「行政監視評価委員会（日本版 GAO 設置構想．のちに
「行政監視院（日本版 GAO）設置法案)」（第139国会へ提出）を掲げていた[1]．民主党が
提起した日本版 GAO 構想は1996年末の第139臨時国会，1997年の第140回通常
国会で扱われたが，結局は審議未了・廃案となった［窪田 2005：39-56]．また，
この過程において総務省行政監察局の政策評価担当部門への再編論も登場して
いた．

　選挙戦を終えた1996年11月，橋本首相は政令に基づき「行政改革会議」を設
置し，自らその会長に就任した．行政改革会議は約 1 年の審議を行い，その結
果は『最終報告』として答申されたが（橋本行政改革会議会長から橋本内閣総理大臣
への答申)，この橋本行革の中において，政策評価は公式に位置付けられること
となった［参照，田中・岡田 2000].

　行政改革会議の審議過程において，評価論議が最初に活性化するのは執行評
価にかかる独立行政法人の部分についてであった．国の府省が所管する企画立
案部分に関する言及が登場するのは，5 月の中間整理の「関連諸制度改革」の
なかにおいてであった．ここでは，評価システムや公共事業や農業政策に対す
る数量分析を伴った評価手法の確立などが指摘されていた程度であった．さら
にいえば，その言及も，行政改革会議の最終盤に近い1997年 9 月17日から11月
18日にかけてのものであった［参照，山谷 2002：198-9].このとき，行政改革会

議の委員の指摘内容は，①「お手盛り評価」を防ぐための外部評価の導入の必要性の指摘，② 行政監察の改革に関する指摘，③ 公共事業評価の必要性の指摘，④ 経済問題に関する専門的評価の必要性などであった．

　ところが，行政改革会議の終盤の1997年11月21日に示された「最終報告案」においては，政策評価が具体的な姿をともない，突如として登場した．それは，「Ⅲ　新たな中央省庁の在り方」の「1　基本的な考え方」の「(3)政策立案・実施部門の連携と政策評価」および「2　省の編成」の総務省の省庁編成案の箇所，そして「5　評価機能の充実強化」の箇所にある．

　このときの政策評価のイメージは，当初の橋本発言にみられた「透明性の確保」にくわえ，独立行政法人化によって分かれる企画立案部門と実施部門の「意思疎通」と「意見交換」，あるいは，「不断の見直し」のツールとしての位置付けが加味されたものであった．また，この段階の政策評価制度については，実施部門だけではなく企画立案部門にも適用されるものであり，いわゆる自己評価と総務省の行政監察機能を発展させた「行政評価・監視」および民間有識者をまじえた第三者評価や会計検査院の「政府の部外からの評価」など多元的な評価体制が構想されていた．さらに，実施部門に対して行われる評価は，「政策評価の一部」として構想されていた．そして，評価結果の反映は，政策の企画立案へ向けられるもの，とされていた．

（2）企画立案の評価

　最終的に行政改革会議の『最終報告』(1997年12月3日) では，「評価機能の充実の必要性」として以下の3点が指摘されていた．

　第1にこれまでの行政における評価機能の弱さについての指摘である．『最終報告』では，「プラン偏重」とよばれる法律制定，予算獲得の重視に比し，社会情勢の変化に基づく政策の見直し機能は概して適切ではなかったのではないかという問題意識が表明されていた．

　したがって第2に，『最終報告』では政策効果の適時適切な把握と政策への

反映の必要性が述べられていた. そして, このために事前・事後の厳正かつ客観的な評価が行われるべきであること, および評価結果を政策へと反映する仕組みを充実強化することが重要であることが述べられていた.

　第 3 に, 『最終報告』では透明性の向上が課題として提起されていた. 評価機能の充実は, まず政策立案部門と実施部門との意思疎通と意見交換を促進するものであることが謳われ, 副次的に, 情報公開の進展, 行政の公正・透明化が展望されていた.

　さらに『最終報告』では,「評価機能の充実の必要性」を満たすために具体的な制度論についても言及されていた. すなわち, ① 各省の本府本省に明確な位置付けをもった評価部門を確立すること, ② 客観性を確保するため, 評価指標の体系化や数値化・計量化など合理的で的確な評価手法を開発していくこと, ③ 全政府的な観点から政策評価の総合性とより厳格な客観性を確保するため全政府レベルの評価機能を設定すること, そのために行政監察機能を充実強化し, 民間有識者などを加えた第三者的評価を可能とする仕組みを構築すること, ④ 実施部門の情報を政策立案部門に環流させるために実績評価の仕組み (すなわち独立行政法人評価) を導入することの 4 点がそれである.

　これらの指摘は, ほぼ網羅的に1998年 2 月の中央省庁等改革基本法に盛り込まれた. このうち現行制度との離齬ある点を指摘しておくと, ① 実施機関の業務実績の評価が政策立案機能に対しても課されている点, ② 独立行政法人評価と政策評価の有機的連携が確保されていない点, ③ 制度が導入されてもプラン偏重行政が是正されないと見込まれる点などである.

　行政改革会議において, 評価論議が独立行政法人の議論とワンセットで扱われた原因は, イギリスの執行エージェンシー (executive agency) がそのモデルであったためである [讃岐 1996；西山 2004]. なお, 独立行政法人の議論は, すくなくともこの時点では, 官庁会計諸規律からの開放とそれによる効率化 (「管理の自由」) が最大の眼目とされており, このために新法人は国家行政組織法の枠の外側におくことが提案されていた.

　他方，独立行政法人化される「実施機関」を切り離し，「企画立案」に特化した中央省庁に対して，いかなる評価が実現しうるのかという点について，『最終報告』は明確な議論を持つことができないままでいた．あえて抽出するとすれば，「透明性」や「説明責任」が強調されていた程度であった．

　もしも「企画立案」作業を高度に知的な作業であると考えていたら，そこにはいかなる評価デザインが構想されていたのだろうか．あるいは，行政の信頼性を確保するためには，いかなる評価の方法論がありえたのだろうか．

　これらの疑問に『最終報告』は明確な答えを与えることはなかった．政策評価がいかなるものであるのかについては，この当時，政府部内では公共事業の再評価を除いて，十分な理解が共有されていなかったからなのかもしれない．

╋ 2．総務庁から総務省へ

（1）「中央省庁等改革の推進に関する方針」

　行政改革会議の『最終報告』以降，政策評価の内容がまとまった形で登場するのは，1999年4月27日に決定された「中央省庁等改革の推進に関する方針」（1999年4月27日中央省庁等改革推進本部決定）においてである．同方針の「Ⅷ　その他」において触れられた政策評価の概要は，これまでの議論のなかでもっとも詳しいものであった．同方針における主要なポイントは以下の5点であった[2]．

　第1に各府省が行う政策評価は，重点的に行われるべきものであることが謳われていた．すなわち，新規に開始しようとするもの，一定期間経過して事業等が未着手又は未了のもの，新規に開始した制度等で一定期間を経過したもの，社会的状況の急激な変化等により見直しが必要とされるものなどがその対象として見込まれていた．また，政策評価は「計画的」に行うことを基本とし，必要が生じた場合には例外的に「機動的」に行われるべきことが謳われていた．なお，ここに掲げた重点対象政策はのちの「義務付け評価」へと持ち越される．

　第2に，政策評価の客観性の概念がさらに踏み込んだ形で提示された．すな

わち政策評価の客観性とは，「評価の対象とする政策の性質等に応じた合理的
な評価手法により評価を行うこと」とされ，「評価指標の体系化や評価の数値
化・計量化など合理的で的確な評価手法の開発」を進めることとされた．これ
はいわゆる評価の技術的な質（technical quality）をめぐる議論として「客観性」
の概念が理解されていたことを示している．後に展開する「政策評価の手法
等」に関する議論はこの意味での「客観性」をめぐるものであった．

　第3に各府省の政策評価結果の反映先として，「予算要求等」という文言が
盛り込まれた．ただし，当該記述内容は「予算要求等への企画立案」を反映先
とするものであり，その反映も義務ではなく，「反映されるようにすることと
する」という程度のものであった．とはいえ，「予算要求等」という文言の挿
入は，政策評価をめぐる議論がこれまでの単なる「透明性」や「説明責任」の
議論では済まされなくなりつつあることを示唆するものであった．

　第4に各府省の政策評価の体制について言及が行われた．まず，「原則とし
て課と同等クラス以上になるよう」な，政策評価を担当する明確な名称と位置
付けをもった組織がおかれることが明言された．また体系的継続的に政策評価
を実施していくために，「政策評価の実施要領等」を各府省が策定することが
求められた．前者の組織については後の「政策評価官」や「政策評価審議官」
の設置へとつながっていくものである．

　第5に総務省の体制やあり方について言及がなされていた．すなわち総務省
が行う政策評価の総合性及び客観性を担保するための活動に資するため，「政
策評価・独立行政法人評価委員会」が設置されることが示され，総務省のこれ
まで行ってきた行政監察が「行政評価・監視」として衣替えすることがこの方
針において触れられた．さらに，政策評価について総務省がいっそうの研究を
進めるべきことや「政策評価関係機関連絡会議（仮称）」（後の「政策評価各府省連
絡会議」）の設置が謳われた．これらは，後述の「政策評価に関する標準的ガイ
ドライン」の策定の舞台となるものであった．

　ひとことでいえばこの方針は，政策評価の手続きや枠組みの整理のためのも

のであった．これ以降，この手続面の整備を中心として政策評価の概念は論じられることとなる．また，上記第2点目にあるように，政策評価の達成するべきものは，抽象的には行政の合理性であるとされ，第3点目で触れたように，そのなかでもとくに「予算要求等」への貢献が期待されていくようになる．ただし，これらの論点が先鋭化するのは，実際の政策評価が稼働を始めてからの2001年以降のことであり，この方針の段階では，政策評価の素朴な理念が論じられる程度のものであった．

（2）監察から評価へ

政策評価の概念の法的な意味での明確化の作業は，中央省庁等改革の推進に関する方針の策定と同時並行的に進められた．旧総務庁から総務省への再編過程では，政策評価の定義問題についてさらに具体的な議論がなされていた（表5-1）．その中心には「行政監察」が「政策評価」へと再整理されていくという状況があった[3]．

最後の総務庁行政監察局長であった東田親司［1999：5-7］の説明によれば，「行政監察」から「政策評価」への再整理は，総務省設置法（1999年法律第91号）の立案過程において議論されていたのだという．その際のポイントは，第1に総務省自身の問題たる「行政評価・監視」の整理，および第2に対象とする「政策の範囲」の議論であったという．

第1の「行政評価・監視」の論点については，かつての行政監察のうち，政策評価的な活動とそうでないもののメルクマールの設定から議論が開始されたという．すなわち，「政策の効果」をふまえて廃止を含めた見直しの指摘を行っているものを「政策評価的活動」とし，「政策の効果」をふまえず単に合規性，適正性，効率性等の観点からの指摘を行っているものをこれに含めないと考えたと東田は述べている．

さらに，「政策評価」と「行政評価・監視」の概念上の違いは，①主として評価基準の違いとして表現でき（評価基準が限定されているものを政策評価とした），

表 5 - 1　行政評価・監視と政策評価の概念

名　称	政策効果を基礎とするもの	機　能	備　考
行政評価・監視	△	必要性，優先性，有効性，合規性，適正性，効率性等の規準で評価.	総務省に法的責任があると整理.総務省設置法に根拠
政策評価	○	必要性，優先性，有効性等の基準で評価（評価基準が限定的）.（合規性，適正性，効率性はあくまで副次的な規準）	行政評価の一部として整理. 各府省及び総務省の双方に法的責任があると整理. 総務省設置法及び内閣府設置法，国家行政組織法に根拠（のちに政策評価に根拠）

出典：東田［1999］をふまえ筆者作成.

② 中央省庁等改革基本法の解釈として，各府省と総務省の双方に法的義務があるものを政策評価，総務省のみが法的責任を負うものを行政評価・監視と整理したとしていた.

　この整理はさらに先がある. 最広義・最上位の概念は「行政評価等」とされ，ここには「政策評価」（自ら評価，政策評価制度の推進，政策の評価），「行政評価・監視」（旧行政監察のうち政策評価的活動ではないもの），「独立行政法人評価」，そして「行政相談」までが含まれるとされた［参照，田中 2001］. なお，これらのうち「政策の評価」は，総務省が評価専担組織として行う統一性・総合性確保評価や客観性担保評価であるとされた. また，「政策評価」の評価基準についても，後の政策評価法の策定段階において，「必要性」「有効性」「効率性」「優先性」「公平性」等であるとされた.

　第 2 の対象とする「政策の範囲」の議論については，まず広義の政策と狭義の政策概念を分けたうえで，広義の政策の中には，狭義の政策，施策（政策目的を達成するための具体的方法）および事務事業（各施策下の事務事業）という階層構造のすべてが含まれること，政策評価の対象となる政策概念は，この階層構造のすべてが含まれる「広義の政策」の概念であることが明確にされたという.

　しかしながら，これらの議論をふまえてもなお，政策評価の概念は十分に明

らかとはなっていない．これまでの議論を振り返るならば，何らかの評価基準
（「必要性」「有効性」「効率性」「優先性」「公平性」等）に基づくものが政策評価と考
えられていたという程度である．そして，この問題がさらに議論されることに
なるのは，政策評価法の制定過程にさらに近づいた時期の，「政策評価に関す
る標準的ガイドライン」（2001年1月15日各府省連絡会議了承）の策定の際である．

＋ 3．手法研の参照事例

　国の政策評価の制度化にあたっては，アメリカの動向のほかに，イギリス，
オーストラリア，ニュージーランドといったアングロ・サクソン諸国の動向お
よび国内の先駆事例がふまえられた．このことが明示的にあらわれるのは，総
務庁時代の政策評価の導入に向けての学識経験者を招聘して開催された準備会
合，「政策評価の手法等に関する研究会」（1999年8月〜2000年6月．以下「手法研」
という）の議事項目である．同研究会のアウトプットは，政策評価制度を構成
した重要文書の1つ，「政策評価に関する標準的ガイドライン」であった（表
5－2，5－3）．

　手法研の議事項目でもう1つ注目しておきたいのは，自治体の実務者を招聘
して行われたヒアリングである．三重県の事例はこのときすでに全国の自治体
に対して影響をもちはじめており，北海道の動向は橋本首相の指示で国の公共
事業評価のモデルとされていた．その際，政策評価の機能にかかる議論のうち，
とくに「節約」が注目されていた点についてここで注目しておきたい．

　一般に行政における節約の議論は，行政組織内部からはトップマネージャー
や財務担当部局を中心に主張される．政策評価結果の「予算への反映」の議論
はこの典型である．ただし，このような主張は，行政組織内の具体的な政策を
所管する部局からはしばしば反発を受けることになる．政策を動かすためのリ
ソースを縮減することは，所管組織の存在意義を否定するメッセージともなり，
そこで働く職員のモチベーションの低下を招くおそれがあるからである．

表 5 - 2 政策評価の手法等に関する研究会の議事内容 (1999年 8 月～2000年 6 月)

【第 1 回研究会 (1999年 8 月27日)】
○今後の検討課題についてのフリートーキング

【第 2 回研究会 (1999年 9 月 9 日)】
○先行事例の発表
　• 「三重県における事務事業評価システムについて」(居戸利明三重県総務局長)
○研究協力者による発表
　• 「政策評価を行うに当たっての基本的な考え方」について (奥野正寛研究協力者)
　• 「政策評価の枠組みとその問題点」について (田辺国昭研究協力者)

【第 3 回研究会 (1999年10月25日)】
○研究協力者による発表
　• 「地方自治体における政策評価の動向と評価の手法」について (星野芳昭研究協力者)
　• 「中央省庁における政策評価の動向と評価の手法」について (金本良嗣研究協力者)
○その他
　• 「標準的ガイドライン案の検討方向案」について

【第 4 回研究会 (1999年11月30日)】
○研究協力者による発表
　• 「米国における政策評価の動向と評価の手法」について (久保恵一研究協力者)
　• 「政策類型および評価対象のレベルに応じた評価」について (山谷清志研究協力者)
○その他
　• 英国における業績評価制度の概要について

【第 5 回研究会 (1999年12月13日)】
○先行事例の発表
　• 「北海道における政策アセスメント」について (石川久紀北海道総合企画部政策室政策評価課長)
○これまでの検討を踏まえ「政策評価の類型」について討議

【第 6 回研究会 (1999年12月21日)】
○これまでの検討を踏まえ「政策評価の基本的な在り方」について討議

【第 7 回研究会 (2000年 2 月 2 日)】
○ 「政策評価の導入に向けた意見・論点の中間整理 (案)」について検討
○有識者による発表
　• 「ニュージーランドにおける政策評価の動向」について (今里滋九州大学大学院法学研究科教授)

【第 8 回研究会 (2000年 2 月25日)】
○有識者による発表
　• 「行政評価の可能性と限界」(上山信一 (マッキンゼー・アンド・カンパニー・ジャパン・インク・パートナー))
○事務局説明
　• 「公共事業評価の現状」

【第 9 回研究会 (2000年 3 月17日)】
○有識者による発表
　• 「英国政府業績評価制度の概要」(稲継裕昭姫路獨協大学法学部助教授)
　• 「政策評価システムの導入の課題と提言」(山本清岡山大学経済学部教授)

【第10回研究会 (2000年 4 月10日)】
○中間まとめに向けての要検討事項及び今後の研究会の日程について
○諸外国における政策評価制度に関する調査報告
○施策実績評価 (仮称) について

【第11回研究会 (2000年 4 月25日)】
○研究開発評価をめぐる状況について (科学技術庁説明)
○ODA (政府開発援助) に関する評価をめぐる状況について (外務省説明)
○政策体系評価 (仮称) の在り方について

【第12回研究会 (2000年 5 月11日)】
○各省庁の政策評価に関する検討状況について
○事業評価 (仮称) の在り方について

【第13回研究会 (2000年 5 月30日)】
○中間まとめ素案の検討 (施策実績評価 (仮称), 政策体系評価 (仮称))

【第14回研究会 (2000年 6 月19日)】
○中間まとめ素案の検討 (総論部分, 事業評価 (仮称) 部分)

【第15回研究会 (2000年 6 月27日)】
○中間まとめ案の検討

出典：総務省 HP.

表 5 - 3　政策評価の手法等に関する研究会の研究協力者

（座長）村松岐夫（京都大学大学院法学研究科教授） 　　　　奥野正寛（東京大学大学院経済学研究科教授） 　　　　金本良嗣（東京大学大学院経済学研究科教授） 　　　　久保恵一（監査法人トーマツ代表社員（公認会計士）） 　　　　田辺国昭（東京大学大学院法学政治学研究科教授） 　　　　星野芳昭（（社）日本能率協会チーフコンサルタント） 　　　　山谷清志（岩手県立大学総合政策学部教授） 　　　　　　　　　　　　　　　　　　　　（座長を除き五十音）

出典：総務省 HP.

　他方，行政活動の節約論はマスメディアや国民への訴求力が強い．この頃の報道等では，「節約の取組＝政策評価」のイメージが醸成されつつあった．もちろん，一般的に認知されている政策評価の機能としてもこの節約論は重要であり，政府部内においても，「政策評価の結果の反映」の議論を行う際には，主に節約論議が暗黙の前提となっていた．

　この「節約＝政策評価」のイメージを醸成する決定的な役割を果したのが三重県と北海道の取り組みであった．ここで，これらの自治体の事例に踏み込み，この当時，政策評価の機能について何が注目されていたのかをみておこう．

（1）三重県の事務事業評価

　三重県は「事務事業評価システム」（1996年度より導入）のモデルを提供した自治体であるが，同システムは行政改革推進運動として展開された「さわやか運動」（「サービス」,「わかりやすさ」,「やる気」,「改革」の頭文字をつないだ言葉．1995年より導入）の一環として位置付けられていたものであった[4]．三重地方自治研究会 [1999：11] によれば，同改革運動の契機としては以下の2点が指摘できるという．第1に1994年に旧自治省が事務次官通知として出した「地方公共団体における行政改革推進のための指針について」（1994年10月7日）である[5]．同指針においては，「地方公共団体における行政改革推進のための重点事項について」の項目の第1に「事務事業の見直し」が掲げられていた．第2に1995年

に，三重県議から衆議院議員を経た北川正恭が三重県知事に当選したことである．北川県政では，「知事の発意による内発性」と「自治省への呼応性」から様々な改革が行われていったという．その1つが「事務事業評価システム」を含んだ「さわやか運動」であった．

この「さわやか運動」を中心とする三重県の行政改革において，その出発点において参考とされたのは，アメリカの行政改革，より端的には，オズボーンとゲーブラーの『行政革命』であった［Osborn and Gaebler 1992＝1994］．とくに，この著作で提起されていた結果志向（Result-oriented government）とそれを確保するための業績測定（Performance measurement）の影響を強く受け，事務事業評価表は具体化された．三重県の行政改革は「その出発点から行政学における新管理主義（New Public Management）の影響を強く受けた都道府県では日本で最初の行政改革であるといえる」［三重県地方自治研究会 1999：13］とされる．その後の都道府県レベルの評価の取り組みにおいては，「目的・成果志向」「NPM」「職員の意識改革」がキーワードとなった．それは，三重県モデルのエッセンスとされていたものでもあった[6]．

三重県自身の意図は別として，三重県の行政改革に注目が集まったのは以下の2点にあるといえるだろう．第1に矢継ぎ早に様々な改革を実施し，さながら「行政改革の実験場」あるいは「行革のデパート」のような様相を北川県政が示したこと，そして第2にその改革の中心となった事務事業評価システムの削減効果の高さであった．同システムによる削減効果については，窪田好男［2005：91-102］は否定的なコメントを与えているが，1997年度に総務部より提案された「公的関与の考え方[7]」に基づいて実施された事務事業の見直しの効果は，三重県の行政改革への注目を喚起するには十分なものであったといえよう．

三重県の事務事業の見直しは具体的には，「県が実施している3224の事務事業のうち，機関委任・団体委任の事務534を除く約2700の事業すべてを対象に検討され，各事業の担当者は，個々の事業が六つの判断基準のどこに該当するかということと，その存在理由を総務部に提出するように求められ」，「その結

果，202件（35億9344万円）の事業が廃止となり（97年度で廃止125件・22億6433万円，調整期間をおいて廃止77件・12億2901万円），73件（121億3785万円）が継続となった．廃止された主な事業は，勤労福祉事業貸付金，私学団体補助金，成人検診，胃ガン・肺ガン検診，生協連補助金・利子補給，水野田菜づくり補助金，学校スポーツ全国大会出場者激励金など」［三重県地方自治研究会 1999：84-85］であったという．

　ただし，三重県の事務事業評価は，「(1)基本事務事業，事務事業という総合計画の事業レベルの評価に止まっていた．(2)事業の執行者が自ら評価する，県内部の自己評価であった．(3)評価の内容やしくみが県民にわかりにくかった．(4)職員の作業負担が大きかった．」などの理由から，「みえ政策評価システム」へと変化していった．同システムは，「施策レベルも評価の対象とすることとし，施策および基本事業で設定する数値目標と事務事業の目標について『三重のくにづくり宣言』の体系に基づき，これらの目標に対する業績を三つのレベル（層）で評価（三層の評価）」することで，上記の課題の克服を目指したものであった[8]．この運用の変化を理解するためには，三重県の自治体経営改革全般のなかの位置付けをふまえつつ検討する必要があるだろう．

（2）北海道の時のアセスメント

　もう1つの事例は，北海道で取り組まれた「時のアセスメント」であった．「時のアセスメント」とは1997年1月6日の堀達也北海道知事の年頭挨拶によって打ち出された公共事業等の再評価システムのことである．これが注目を集めた時代背景については以下の3点を指摘しておくことができる．第1に財政逼迫や環境問題を背景とした公共事業への批判があったことである[9]．第2にカラ出張や官官接待等に対する旧来型の行政システムへの批判があったことである．第3に地方分権への動きが加速していたことである．

　こうしたなかで産声をあげた「時のアセスメント」だが，知事自身による最初の説明は以下のとおりであった．

　私は，『時のアセスメント』という考えを皆さんに提案しようと思います．
既存の道の施策で，時の経過によって陳腐化している施策はないか，施策
の価値という点で疑問があるにもかかわらず，単なる前例踏襲や問題が先
送りされてきたものはないか．時の経過の中で，もう一度立ち止まってみ
る．そして，必要のない事業や効果の薄れたものは，大胆に見直す．そう
した仕組みを道庁の中に確立しようと思います［北海道庁「政策評価のホーム
ページ」］．

　この知事の挨拶から1週間後に示された「『時のアセスメント』（時代の変化を
踏まえた施策の再評価）実施要領」では，その目的として「変革の時代の中で，
時の経過によって，施策が必要とされた社会状況や住民要望などが大きく変化
し，施策に対する当初の役割や効果について，改めて点検・評価を加える必要
があるものについては，現状を踏まえ，多角的，多面的な視点から検討を行い，
時代の変化に対応した道政の実現に資するため，この要綱を制定する．」と述
べられたうえで，以下の3点の再評価対象施策の「目安」が掲げられていた．
なお，同年は，対象9件のうち，休止又は廃止，凍結という結論が8件，事業
の内容を変えて継続というものが1件という結果となった[10]．

　(1)施策が長期間停滞していると認められるもの
　(2)時の経過の中で，施策を取り巻く社会状況や住民要望の変化などによ
　　　り，施策の価値または効果が低下していると認められるもの
　(3)施策の円滑な推進に課題を抱えており，施策が長期間停滞するおそれ
　　　があると認められるもの

　北海道庁の「赤レンガプロジェクト・政策評価の導入検討プロジェクトチー
ム」の座長であった山口二郎［1999］によれば，「『時のアセスメント』は全国
的な注目を集めたが，これは厳密な意味での政策評価ではなく，長期間停滞し
た公共事業についてのサンセット手続きという捉え方が妥当である」としてい

る．同制度は特定事業に対する「時のアセスメント」から全庁的な「政策アセスメント」へとその対象を拡大していった．

　「政策アセスメント」は，「時のアセスメント」の精神を道政全般に拡大するとの考えから，1998年度に導入されたものであった[11]．山口によれば「政策アセスメント」は，予算事業のすべてを対象とし，「課」レベルを中心とした，翌年度予算編成に評価結果をリンクさせる仕組みとされた．また，このために評価結果は，改善・見直しを要しないかもしくは事業目的を所与として一部変更にとどめる「このまま継続」，事業の効率的執行をはかるもしくは本庁と出先の役割分担を変更する「執行改善の方法」，事業内容・事務量が増加するもしくは類似事業を統合する「拡大」，事業内容・事務量が減少する「縮小」，新規事業への「振替」，類似事業への「統合」，そして「休止・廃止」の7種類へ整理されたとされる．

　予算とのリンクを全面的に打ち出した「政策アセスメント」は，山口の表現を借りれば，「予算の実効的削減手段」と位置付けられるものであった．道庁の予算へと連動させるために，「政策アセスメント」は「相対評価」として枠付けされていた．すなわち，事業の一定割合に対し，事業の廃止・見直しを求め，数あわせが至上命題とされたのだという．

　北海道では1998年度の「政策アセスメント」の試行実施および「政策評価の導入検討プロジェクトチーム」の報告を受け，1999年度から「政策アセスメント」の本格実施を開始した．またその後，これらの取組等の課題および他の自治体の動向等をふまえ，2002年3月には，北海道政策評価条例を策定し，現行の「政策評価」へと移行していった．その際，予算とのリジッドな連結は緩和され，悉皆調査型の「基本評価」（施策評価，事業評価），これを補完する「分野別評価」（公共事業評価，関与団体点検評価，研究評価，支庁事業評価，公共施設評価）および「特定課題評価」という複数の評価システムからなる評価体系が構築されることとなった．

　北海道の「時のアセスメント」は，「予算の実効的削減手段」としての公共

事業評価の原型の 1 つであったといえるだろう．日常業務の見直し手段としての三重県方式，公共事業の見直し手段としての北海道方式が登場したことで，「節約＝政策評価」のイメージはその基礎を形成した．自治省系の新世紀自治研究会［2000］は「市町村のための行政評価導入ハンドブック」として行政評価の導入マニュアルを刊行していたが，そこでは三重県や北海道を名指しなかったものの，「先進県で取り組まれた評価システムに関して，結果として見直しされた事務事業の数や削減額に特に注目が集まりましたが，これは結果として出てきたものであり，これが評価システムの導入の本来の目的ではなかったことに注意してください」とよびかけたほど，「節約＝政策評価」のイメージは注目を集めた．この点は，日本の政策評価の起点として触れておくことができるだろう．

（3）手法研と法制研の受け止め方

　手法研がこれらの事例をどう受け止めたのかについて，議事要旨等からうかがうことは難しい．ただし，以下の 3 点を指摘しておくことは可能だろう．

　第 1 に，三重県の事例は実績評価方式の実践例として，北海道の事例は事業評価方式の実践例として参照されることとなった．なお，総合評価方式については，とくに先行事例を参照した様子はうかがえない．すべての府省が行うことが想定されていたのは実績評価方式であり，公共事業については事業評価方式，その他重要な施策については総合評価方式が補完的に行われると考えられていたようである．

　第 2 に，三重県の事例については，手法研の第 2 回会合でヒアリングが行われただけでなく，日本能率協会のチーフコンサルタントである星野芳昭および有識者として招聘された上山信一が直接三重県とかかわっていた．すなわち，手法研では三重県の事例を捕捉することに大きな関心が払われていたのかもしれない．

　第 3 に，ただし，三重県の事例紹介で強調されていたのは「Plan ～ Do ～

表 5‒4   政策評価制度の法制化に関する研究会の招聘者名簿

（座長）工藤敦夫（元内閣法制局長官） 　　　　宇賀克也（東京大学大学院法学政治学研究科教授） 　　　　塩野　宏（東亜大学通信制大学院教授） 　　　　田辺国昭（東京大学大学院法学政治学研究科教授） 　　　　吉田和男（京都大学大学院経済学研究科教授） （座長を除き五十音）

出典：総務省 HP.

Seeのマネジメント・サイクル」であり，予算への反映や節約の議論ばかりが注目されていたわけではなかった．また，手法研の後半では，委員の間では予算との直結を急ぐべきではないという節約論への傾斜を警戒するような議論が支配的となっていた．この傾向は，手法研の後を受けて，制度化に向けた議論を行った「政策評価制度の法制化に関する研究会」（2000年9月〜12月．以下「法制研」という）においていっそう顕著であった（参照．表5‒4）．

　手法研につづく法制研では，財政当局へのヒアリングも行われ，政策評価の結果の反映に関する予算制度との関係について集中的な議論が行われていた．そこで出された結論は，「最終的には予算に反映されることが重要」であるとししつも，大きな留保が付けられた．法制研の最終報告から引用しておくと以下のとおりである．

　　評価結果と予算の作成との関係については，評価結果を機械的に予算の配分額に結びつけるべきとの意見があるが，予算は，財政面の制約，国民世論など様々な要素を踏まえた総合的判断に基づき決定されるものであることを考えると，評価結果を機械的に予算の配分額に結びつけることは困難であり，最終的な政府案の決定を様々な要素を含めた総合的判断により行う中での，重要な判断材料として評価結果を活用していくという位置付けが適当である［政策評価制度の法制化に関する研究会 2000］．

　要するに「節約＝政策評価」については，その重要性は認識しつつも，実質

的な内容は運用段階に委ねるものとし，制度的な義務づけは行わないというのが，法制化までの制度設計段階における議論であったといえる．

╀　4．政策評価のバイアス

（1）企画立案へのディスインセンティブ

以上の議論を筆者なりに要約すると以下の通りである．

(1) 政策評価は行政の信頼性確保のための方策と位置付けられた．そしてその内容として，①不透明性と②非効率が問題とされるようになった．

(2) このうち①不透明性の問題については，情報公開制度にくわえ，なお積極的な説明責任のために政策評価制度の確立が行政改革会議において求められた．だが，いかなる説明責任を果たせばよいのかについては，行政改革会議の段階では具体性を欠いたままであった．

(3) ②の非効率については，行政改革会議の段階では執行部分の議論にとどまっており，企画立案部分についての議論については持ち出されていなかった．

(4) その後，政策評価の法制化が具体化していくにしたがって，企画立案とされたはずの中央府省に対し，効率化論議が政策評価結果の予算への反映という形で関心をよぶようになった．ただし，大きな関心は寄せられつつも，実質的な予算への反映の議論は制度運用段階に委ねられることとなった．

以上をふまえれば，中央省庁等改革の延長線上で議論されてきた政策評価については，すくなくとも透明性の要請があり，具体化には至らなかったにしろ，節約の要請が議論されていた，といえる．

しかしながら，透明性のための作業，あるいは節約のための作業は，具体的な政策を所管し，自ら評価することを課せられた部局においては歓迎されざる

ものである．すなわち，政策評価の実施者側にしてみれば，与えられた所掌事
務の完成こそが本務であって，透明性を高めたり，節約度を高めたりすること
については有意なインセンティブが作動しないのである．作業負荷を負わされ
る政策所管部局の側にしてみれば，透明性を高め，節約度を高めることは自ら
の手柄となる要素ではない．政策評価結果の，予算への反映論の最大の焦点は
ここにある．

　（2）Ｎ　Ｐ　Ｍ
　さらに，本章で強調しておかなければならないもう1つのポイントは，
NPM である．この当時の「予算への反映」論は，いわゆる NPM 論者によっ
て提唱されていた．あるいは，NPM のトーンが高くなるにつれ，予算への反
映論議が活性化するという構造があった．
　NPM とは，1980年代以降の福祉国家の見直しに伴って登場した改革の思潮
と手法を指すものである．廣瀬克哉によれば，福祉国家の見直しのための政策
手段の見直しメニューが NPM の議論そのものであるという［廣瀬 1998］．
NPM の概念を提起したフッド［Hood 1991］によれば，この NPM の構成要素
は，「管理者主義」と「新制度派経済学」（ミクロ経済学等）に還元される．そし
て，これらを媒介しているのが実用主義である［参照，南島 2010］．
　NPM の内容は，抽象的で包括的だが，キーワードしては，顧客主義，成果
主義，市場メカニズムの活用，公会計改革，組織のフラット化・分権化等があ
げられる．ポイントとなるのは，政策の執行局面における民間経営手法の導入，
あるいは執行部門の効率化であり，このために多彩な改革メニューが次々と登
場することとなる．それはのちに，「公共サービス改革」とよばれる改革メニ
ューと大きく重なる．NPM の側からいえば，政策評価は NPM を構成する1
つのパーツに過ぎないといえるだろう．ただし，「プログラム評価」や「政策
分析」はその範疇におさまりきれない．「プログラム評価」や「政策分析」は，
NPM の出現以前から脈々と議論されてきたものであるからである．

　ここでは NPM が政策評価の制度設計段階において登場したものである点を指摘しておきたい．ただしそれは「業績測定」にかぎられる．さらにいえばそれは節約論議と大きく重なっていた．制度運用段階に入って，政策評価制度をどのように扱うべきなのか．NPM はこの点について多くを語らない．それは NPM が政策評価にとって一面的であることの証左でもある．

　次章からは制度運用段階についてより具体的に議論していくことにしよう．

注

1）　この選挙は衆議院議員選挙が小選挙区比例代表並立制にかわってからはじめてのものであり，自民党対新進党の決戦となった．選挙の結果は自民239議席，新進156議席，民主52議席，社民15議席であった．

2）　前後するが，塚本壽雄［2002：4-5］は中央省庁再編と政策評価の制度化の動向に関し，行政改革会議の認識から制度化に至る経緯を次のように語っている．「ご案内のように，政策評価制度が国に導入されることになったきっかけは，平成9年12月の行政改革会議の提言，最終報告の記述に基づくものでした．最終報告はレジュメでは引用していませんが，こう言っています．『従来，わが国の行政においては，法律の制定や予算の獲得等に重点が置かれ，その効果や，その後の社会経済情勢の変化に基づき，政策を積極的に見直すという評価機能は軽視されがちであった』ということです．したがって会議としては，『政策に不断の見直しや改善が加えられるために，政策の評価の仕組みを充実・強化することが必要である』と述べられたわけです．では，会議は政策の評価の仕組みというものをどのように認識されていたかということですが，この報告の中では，まず第一に，各府省の機能として，各府省が自らその政策を評価し，その結果を政策の企画立案に反映する．またそれらの情報を公表する仕組みを導入する．これが第一のポイントでした．2番目に，同時に，総務庁の行政監察局が行っていた行政監察機能の充実・強化を行うこと．さらに，民間有識者などを加えた第三者的評価を可能にする仕組みを置くこと．これによって各府省における評価機能とは別に，各省を超えた全政府レベルの評価機能の充実強化を図って，全政府的観点から政策評価の総合性と，より厳格な客観性を確保する．こういうことを求めたわけです．この2つを旨として，その後，中央省庁等改革の全体の段取りの中で，政策評価の仕組みも法律等に盛り込まれてきました．具体的には，中央省庁等改革基本法，それから『中央省庁等改革の推進に関する方針』，さらにそれを受けて，個別法である国家行政組織法の一部改正，あるいは総務省設置法において，この仕組みが具体化されていったわけです」．

3） 田中一昭［2001］によれば，次のように説明される．「専門家氏が，政策評価と行政
評価の違いを具体例で説明した．いわく，会社がその主要な製品・商品について戦略
を練り，それを事前・事後に評価するのは政策評価に当たり，経営体として効率的な
組織になっているか，経理は適正か，内部監査は的確かなどをチェックするのが行政
評価・監視にあたるのではないかと．総務省の上記一枚紙にも，図表で，行政評価と
いう概念の下に『政策評価』と『政策評価を除く評価』に分け，後者については『各
行政機関の業務の実施状況について，主として合規性，適正性，能率性等の観点から
評価・監視し，業務運営の改善を図るもの』としている．」.

4） 「さわやか運動」の内容は，「三重県『さわやか運動』推進大綱：生活者起点の行政
運営を目指して」（1996年10月）に詳しい．

5） 前田成東［2002：200］が指摘するように，「地方公共団体の行政改革推進の方策に
ついて」（1985年），「地方公共団体における行政改革推進のための指針」（1994年）及
び「地方自治・新時代に対応した地方公共団体の行政改革推進のための指針」（1997
年）は自治体行革大綱を策定させるための「国主導」の改革として発せられていた．
これらは1999年の分権一括法前の改革であったという文脈にも注意を喚起しておきた
い．また同指針を軸とした知事周辺の動きについては［中村 1999］に詳しい．

6） 窪田好男［2005：102-103］は，この点に異論を提起している．「教科書的理解とは
異なり，三重県では NPM（New Public Management）を用いたイギリスの行革の成
功に刺激を受けて評価が導入されたのではない．事務事業評価の基本形が構築された
のは記述のようにさわやか運動期であるが，当時の行革の担当者（地方分権・行政改
革室次長梅田次郎氏とその部下の大西均氏）は，筆者のインタビューに対し，行革
（さわやか運動）が始まってから1年半ほどは，行革の内容を決めるきっかけとなった
『行政革命』以外の NPM の書物・理論はいっさい知らず，1年半たってからようやく，
自分たちの改革が NPM の理念と一致することを自覚するに至ったとしている」として
いる．ただしその後の三重県の改革は，「ニュー・パブリック・マネジメント三重モ
デル」として確立し，多くの自治体等から参照されるようになる．他方，『行政革命』
は，当時審議監であった梅田次郎が読んでいたものであり，行政改革草案起草の際に，
梅田から同書の出版社たる日本能率協会へ直接連絡が取られたという．また，能率協
会側からはのちに手法研に参加する星野芳昭（チーフコンサルタント）が派遣されて
いたという［参照，中村 1999：29-34］．なお，梅田の改革思想については，梅田
［2002］を参照．

7） 「行政関与の在り方に関する基準」（1996年12月16日行政改革委員会官民活動分担小
委員会・1996年12月25日閣議決定）を参考とした三重県の事務事業見直し指針．

8） 三重県「政策推進システムの基本的な考え方：生活者のみなさんへの県庁からのメ
ッセージ」（2001年）.

9)　その嚆矢には，1995年の都市博中止を訴えて当選した青島都知事や社会党政権下で
　　ゴーサインとなった長良川の河口堰問題があった［山谷 1997：2］．

10)　対象とされた施策は以下の9事業である．苫小牧東部地区第1工業用水道事業，「道
　　民の森」民活事業，白老ダム，トマトダム，板倉ダム，道道士幌然別湖線，北海道地
　　域輸入促進計画（FAZ），医療・産業・研究都市づくり，救急医療情報システム（キャ
　　プテン方式）．

11)　「北海道政策評価条例の制定について」及び「道の政策評価の取組について」（いず
　　れも出典は北海道庁「政策評価のホームページ」）．なお，政策アセスメントへの展開
　　は，1998年の「道政執行方針」において知事が，「虚心坦懐に行政の仕事を見つめ直そ
　　うとする『時のアセスメント』の精神を道政全般へ拡大し，政策評価の導入に向けた
　　具体的な取組に着手する」と述べたことを受けたものであったという．

12)　政治学の立場からいえば，NPM には2つの異なる次元がある．NPM を政治的党派
　　性を含んだ議論と理解するならば，これはしばしばポスト福祉国家期の行政諸改革を
　　意味し，「小さな国家」を志向するネオリベラルなどの保守的イデオロギーの正当化機
　　能を果たしがちな存在であると理解される．他方，NPM をより限定的に，管理論議と
　　理解すれば，議論の方向は受益者との関係に矮小化される．公的部門にあってそのサー
　　ビスは，受益者の享受するサービスの有効性（満足度）のみならず，主権者からの
　　正統性の要請，納税者からの合理性の要求に対しても同様に照会されなければならな
　　い．こうした手法論に限定した議論こそが NPM 論議ということになる．例えば NPM
　　の批判者として著名な R. A. W. ローズ［Rhodes 1997：55-56］は，管理者主義として
　　の NPM の側面に限定し，これを批判する．ローズによれば，ミッションを重視する
　　NPM は外部評価＝組織間関係の議論よりもむしろ，組織内部にその多くの関心を寄せ
　　るとされる．ローズのフレームワークは，組織間の調整を軽視し，目的に固執し，結
　　果に焦点をおく管理手法を批判するものである．

第6章 制度の設計から運用へ

　政策評価法は，2001年度の制度導入を経て，2002年度に本格施行され，2003年度には最初の国会報告がとりまとめられた．いよいよ政策評価は，制度設計段階から制度運用段階へと本格的に移行することとなった．

　制度運用段階の課題として浮上してきたのが，政策評価の結果の「反映」論であった．政府部内の政策評価は政策実施過程にかかる情報提供活動である．そして，良質の情報を産出するために評価技術の「質」が必要とされ，その「客観性」が問われ，このために社会科学の諸手法が「応用」される．さらにいえば，その産出される情報が良質であるからこそ，理念的にはそれが政策へ，とくに企画立案活動へ「反映」されるものとなる．

　政策評価の結果を政策へと「反映」させるためには，具体的な行政活動との整合性が必要である．いいかえれば，「反映」が強く問われれば問われるほど，実行可能性が重視される．すなわち，行政機関の側からするならば，それが「反映」してもよいような提案でなければ，「反映」することはできない．

　本章では，以上の議論を具体的に議論する．まず政策評価の制度運用段階の実態を解明する．また，そこでいかなる「反映」論が展開しているのかを明らかにする．

✝ 1．自己評価の導入

（1）標準的ガイドライン

　政策評価制度と各府省が実質的に関係をもつようになったのは，2000年頃からである．府省の政策評価制度は，「中央省庁等改革の推進に関する方針」のなかで登場した．そして，「政策評価に関する標準的ガイドライン」の案の内容について，総務庁と各省庁の間では意見調整が行われた［塚本 2002：5］．

　「政策評価に関する標準的ガイドライン」の案は，2000年7月31日に公表され，国民からの意見募集に付された．最終的にこのガイドラインは各省との調整を経た後，2001年1月15日に政策評価各府省連絡会議において了承された．そして，このガイドラインにおいてはじめて明確な形で政策評価の輪郭が描き出されることとなった．

　府省への政策評価の導入と平行して，政策評価制度の法制化の検討も急ピッチで進められた．第151国会では，「行政機関が行う政策の評価に関する法律」案が国会に提出され，6月22日に成立，29日に公布された．さらに，同法に基づく「政策評価に関する基本方針」は12月28日に閣議決定された．以上をふまえ，同法は2002年4月1日に施行された．政策評価制度は，ようやくその全容をあらわすこととなった．

　ただし，政策評価制度は，広範な裁量を各府省側に委ねるものであった．したがって，各府省の政策評価の制度運用を具体的に理解するためには，各府省の基本計画，実施計画，これらに基づく評価書，政策評価有識者会合の議事録などを参照する必要がある（表6‐1）．

（2）府省の自己評価

　政策評価制度といっても，府省の自己評価を規律する枠組みは，政策評価法をはじめとするいくつかの付随文書や各省の政策評価の基本計画や実施計画，

表 6‒1　政策評価の概念

【「政策評価」の概念】
「政策評価」とは，国の行政機関が主体となり，政策の効果等に関し，測定又は分析し，一定の尺度に照らして客観的な判断を行うことにより，政策の企画立案やそれに基づく実施を的確に行うことに資する情報を提供するものであり，「企画立案（plan）」，「実施（do）」，「評価（see）」を主要な要素とする政策の大きなマネジメント・サイクルの中にあって制度化されたシステムとして組み込まれ，実施されるものである．

出典：「政策評価に関する標準的ガイドライン」（2001年1月15日，政策評価各府省連絡会議了承）（抄）．

あるいは各府省のとりまとめ部局における数々の決裁文書，担当部局への依頼文書，そしてすでに評価を実施した経験等の膨大かつ複雑な構成によっている．これらのうち制度発足当初の大黒柱を構成していたのが，「政策評価法」「政策評価に関する基本方針」「政策評価に関する標準的ガイドライン」の3点であった．

　当初の政策評価制度が要請していたのは，まず，政策を直接所管する部局等（政策推進部局）による「自己評価」であった．「自己評価」の結果は評価書の形で取りまとめられていた．さらに，政策評価結果の政策への反映については，府省内の予算への反映との関係が重要であった．ここまでが当初の府省の自己評価の内容であった．

　府省の自己評価は，中央省庁等改革の段階では，内閣府設置法および国家行政組織法に書かれた「内閣の統轄の下に，その政策について，自ら評価し」という文言（内閣府設置法第5条第2項および国家行政組織法第2条第2項）によってその根拠を与えられた．それらはいずれも「すべて，一体として，行政機能を発揮（するように）しなければならない」にかかるものとされていた．これをもって政策評価は各府省に「自己評価」として義務付けられたのだと説明されている．

　さらに政策評価法第3条では，「行政機関は，その所掌に係る政策について，適時に，その政策効果（当該政策に基づき実施し，又は実施しようとしている行政上の一連の行為が国民生活及び社会経済に及ぼし，又は及ぼすことが見込まれる影響をいう．以下同じ．）を把握し，これを基礎として，必要性，効率性又は有効性の観点その

他当該政策の特性に応じて必要な観点から，自ら評価するとともに，その評価の結果を当該政策に適切に反映させなければならない.」とされた.「自己評価」の内容は，政策評価法によって，「政策効果の把握」を基礎とした「必要性」「効率性」「有効性」等の観点から行うべきものであること，および「その評価の結果を当該政策に適切に反映させなければならない」という義務が追加されたのである.

　政策評価の結果の「反映」とは何か. その反映先については，政策評価法第3条では「当該政策」であるとされている. それでは「政策」とは何か. 政策評価法第2条第2項では，「この法律において『政策』とは，行政機関が，その任務又は所掌事務の範囲内において，一定の行政目的を実現するために企画及び立案をする行政上の一連の行為についての方針，方策その他これらに類するものをいう.」とされている. すなわち「反映」先としての政策に含まれるのは，行政機関の任務・所掌事務以下のほぼすべての行政活動であるということになっている.

＋ 2．制度運用の実態

　政策評価の実質的な内容は，2002年以降にさらに明らかとなっていった. 2002年には政策評価法が施行され，評価書が取りまとめられていった. そのなかにおいて，政策評価制度の具体像ははっきりとするようになっていったのである.

　なお，府省内で政策評価を取り仕切る立場にあるのが政策評価審議官や政策評価官といった官職である. ここまで述べてきた政策評価を府省内で稼働させるために，これらの官職とこれを補佐する課室が新たに各府省内に設置された. これらの官職の基本任務は，政策評価の仕組みないし手続きを府省内において整備し，政策評価の結果が国民や総務省へと伝達されるように調整し，政策評価の結果の取りまとめ等を行うことにあった. また，これらの官職は制度官

表6‐2　基本計画の記載項目

① 計画期間
② 政策評価の実施に関する方針
③ 政策評価の観点に関する事項
④ 政策効果の把握に関する事項
⑤ 事前評価の実施に関する事項
⑥ 計画期間内において事後評価の対象としようとする政策その他事後評価の実施に関する事項
⑦ 学識経験を有する者の知見の活用に関する事項
⑧ 政策評価の結果の政策への反映に関する事項
⑨ インターネットの利用その他の方法による政策評価に関する情報の公表に関する事項
⑩ 政策評価の実施体制に関する事項
⑪ その他政策評価の実施に関し必要な事項

出典：行政機関が行う政策の評価に関する法律（2001年法律第86号）．

　庁・評価専担組織としての総務省行政評価局の窓口ともなった．

　府省内の政策は原則としては課室レベルの担当部局において制御されている．各府省のミッションは各府省の組織令や組織規則によってこの課室レベルに分掌されており，それぞれの課室が政策のサブスタンスを握り，政策推進のエンジンとなっている．この政策推進部局を制御するのが，総務や会計，人事などを司る管理部門であり，政策評価担当職はこの管理部門の一角として，府省内の政策評価の制度運用局面を制御する立場にある．

　以下では，具体的な政策評価の制度運用段階を以下の5つに分けて説明する．第1に「基本計画の段階」，第2に「実施計画の段階」，第3に「評価実施の段階」，第4に「結果公表の段階」，第5に「結果反映の段階」である［南島2004b：17］．

（1）基本計画の段階

　第1に「基本計画の段階」である．その記載事項は表6‐2のとおりである．

　政策評価法第6条によれば，各行政機関は3年から5年の期間ごとに，所掌する主要な政策について政策評価の基本計画を策定するものとされている．政策評価の基本計画は府省の政策評価の基本仕様を定めるためのものである．

　基本計画の策定作業では，府省内の政策評価担当官が中心となって原案を起草し，各部局に合議をはかる．また，基本計画は府省の機関決定として対外的に公表されるものであることから，政務レベルの決裁を要するものである．

　「基本計画の段階」が3年から5年の期間の計画を立てるとされている理由は，政策効果の発現には一定の時間がかかる政策が含まれるからであるとされる．また，そのような政策については，計画性・戦略性をもって評価を行うことが望ましいと考えられているからであるとされている．

（2）実施計画の段階

　第2に「実施計画の段階」である．

　政策評価法第7条によれば，各府省は基本計画に基づき毎年度の評価対象政策を実施計画において具体的に設定しなければならないとされている．この実施計画において，はじめて具体的な当該年度に行われる政策評価対象が決定される．年度末に各府省の政策評価の結果が取りまとめられることを考えると，その年度報告書の「目次作成作業」がこの実施計画段階において行われることとなる．

　実施計画において定めなければならないとされている項目は以下の3点である．第1に計画期間，第2に評価対象政策，第3に評価対象政策ごとの具体的な事後評価の方法である［行政管理研究センター 2005：41］（表6‐3）．

　第1の計画期間については，法文上は「一年ごと」とされているが，この「一年ごと」については特段の定めがあるわけではない．ただし，事実上，会計年度と同一のものとして運用されている．

　第2の評価対象政策には，① 基本計画に掲げられた政策，② 長期間未着手・未了の政策，③ 任意の政策の3種類がある．

　①の基本計画には先に述べたとおり，各行政機関の主要な政策が掲げられている．これらの主要な政策について基本計画の期間（3〜5年）において，漏れなく事後評価を行うことが実施計画には求められている．そのため，「実施

表6‐3　実施計画の記載事項

計画期間	一年ごと（任意の一年）
評価対象政策 （重点的・計画的に選定）	① 基本計画に掲げられた政策
	② 長期間未着手・未了の政策
	③ 任意の政策
具体的な事後評価の方法	定量分析の手法等

出典：行政管理研究センター［2005：41］.

計画の段階」では，基本計画に掲げられた政策のなかから，当該年に行う評価の対象政策を選定しなければならないとされている．

　②の未着手・未了評価については後述するが，5年間未着手となっている事業，あるいは10年間未了となっている事業についての記載が義務付けられている．当該政策については，各府省が所定の政策に対して事後評価を実施しなければならないとされている．

　③の任意の政策とは，行政機関が直面する課題やその時どきのニーズに応じて定められる，いわば①②以外の政策のことである．実施計画以外の評価対象政策がこのカテゴリーに入るが，これが積極的に活用されている様子は見受けられない．

　第3の具体的な事後評価の方法は，どのような方法でいかなる政策評価を行うかを明らかにすることが求められているものである．具体的な事後評価の方法とは，評価のフォーマットやその記載事項のほか，定量分析等を用いる場合にはその方法等に関する情報も含まれる．例えば費用便益分析のうち便益計測を行う際に用いられるモデルや手法や前提条件の整理・レビュー，あるいは具体的な変数設定作業等がここに該当する．

（3）評価実施の段階

　第3に「評価実施の段階」である．

　政策評価法第8条によれば，実施計画期間に入ると政策所管部局は基本計画

および実施計画にもとづいて事後評価の作業に着手することとなる．その際，各府省の政策評価を所管課室が作業依頼を発出し，基本計画等で定められたフォーマット等にしたがい，各政策所管部局の担当者がこれを実施する（政策評価法第10条）こととなる．各局に示された作業依頼は局下の各課室へと順次下ろされ，評価書記載後に取りまとめられる．評価書の記載事項は政策評価法第10条第1項の各号に定められている（表7‐4）．

（4）結果公表の段階

第4に「結果公表の段階」である．政策評価法第10条第2項等によれば，政策評価の結果は，国民に公表することが義務づけられている．公表の時期についての特段の制約はないが，評価書は公表後，予算概算要求や機構・定員要求の資料として活用することが期待されている．

なお，予算として「X年度」に要求された事務・事業等は，「X＋1」年度に執行され，「X＋2」年度目に評価が行われ，公表されることとなる．すなわち原理的には，つぎの予算概算要求に活用されるのは早くても「X＋2」年度目，場合によっては「X＋3」年度となる．すなわち，予算要求から数えると，評価結果の反映までの間に少なくとも2〜3年度のタイム・ラグが生じてしまう．もちろん，実務的には評価の作業と予算概算要求との距離は，後述のとおり密接なものである．

（5）結果反映の段階

第5に「結果反映の段階」である．政策評価法第3条によれば，政策評価の結果は「当該政策に適切に反映させなければならない」とされている．

政策評価の結果の「反映」についてはさらに，政策評価法第11条において，「行政機関の長は，少なくとも毎年一回，当該行政機関における政策評価の結果の政策への反映状況について，総務大臣に通知するとともに，公表しなければならない．」とされている．その具体的な反映先については，法令改正，制

度改正，予算概算要求，税制改正要望，機構定員要求，目的・目標の見直しなどが想定されている．

　ここからいえば，政策評価の結果の「反映」とは，府省内で管理されている制度の見直しや予算をはじめとする行政資源の調整のことを意味しているとみることもできる．

（6）政策評価のスケジュール

　実施計画からはじまる自己評価の年間スケジュールについては以下の3点のようにまとめられる．

　第1に，年度当初に「実施計画」が策定される．これは先に触れたように最終的な年度報告書の目次作成に該当するものである．「予算への反映」を念頭におくと，会計年度との平仄から年度当初にこの作業が行われることになる．その際，実施計画は年度の開始前に行われることが望ましいということになる．ただし，各課室の政策評価担当官は通常1名であるため，後述の年度報告取りまとめ作業と重複しないように作業時期の設定が行わなければならない．すなわち取りまとめ作業が年度当初であれば，当該年度に入る前に計画策定を行わなければならない．さらに，各政策所管部局側の担当者も政策評価だけをやっていればよいわけではない．通常業務を消化し，追加業務として評価書関連業務を行わなければならないのである．

　第2に，「予算への反映」を念頭におく場合には，会計年度と平仄を合わせた評価実施が求められることとなる．評価実務の現場では，評価書に使用する統計やアンケート，数値データの蓄積が必要だが，通常業務と平行してこの作業は行われなければならない．しかし，実態としては，政策所管部局の政策評価の担当者のところに業績情報が一元化されているわけではない．したがって，この担当者は場合によっては業績情報を得るための仕組みを整備しなければならないこととなる．もっとも，こうした業績情報の収集業務は政策所管部局の任務や所掌事務のもとで形作られてきた実際の業務のあり方と必ずしも同じ方

向であるとはかぎらない.

　第3に, これらの結果をふまえ, 府省内の大臣官房等におかれた政策評価担当職から作業依頼が発出され, 各政策所管部局において「評価結果」が取りまとめられる. その結果は評価書として取りまとめられ, 府省内の所定の決裁を得た後に公表される. 府省によるが, この執筆から取りまとめを経て決裁に至るまでには, 作業依頼の発出から数えて数か月を要する. その内容が政治的な争点である場合や課室のデマケーションにかかわる場合には, さらに時間がかかることとなる. また, 進行中の重要な案件や重点的に予算を獲得すべき案件とかかわる場合には, 慎重に吟味されることとなる.

┼ 3．数理系のアプローチ

　自己評価のなかには特別な政策評価が含まれている. 第1に「未着手・未了評価」の議論, 第2に「事前評価」の議論, 第3に「規制影響分析 (RIA)」の議論である. これらは直接・間接に事前評価に関係している [参照, 南島 2005].

　第1の未着手・未了評価と第2の事前評価は, 制度導入当初は「公共事業」「研究開発」「政府開発援助 (ODA)」を対象としていたものである. また, 第3の「規制影響分析」(RIA) の議論は制度運用後, 一定の期間が経過してから登場したものである.

　これらの特別な政策評価は, 経済学などの数理系のアプローチをふまえながら導入されたものである. ここではそれらの概要をみておこう.

(1) 未着手・未了評価

第1に「未着手・未了評価」である (参照, 表6‐4).

　未着手・未了評価とは, 各府省が策定する実施計画において義務付けられている政策を対象とする評価である. 対象事業は5年間未着手および10年間未了の事業であり, これらの事業に対して再評価, すなわち見直しを行うことが法

表6‒4　行政機関が行う政策の評価に関する法律第7条（抄）

2　実施計画においては，計画期間並びに次に掲げる政策及び当該政策ごとの具体的な事後評価の方法を定めなければならない．
二　計画期間内において次に掲げる要件のいずれかに該当する政策
イ　当該政策が決定されたときから，当該政策の特性に応じて五年以上十年以内において政令で定める期間を経過するまでの間に，当該政策がその実現を目指した効果の発揮のために不可欠な諸活動が行われていないこと．
ロ　当該政策が決定されたときから，当該政策の特性に応じてイに規定する政令で定める期間に五年以上十年以内において政令で定める期間を加えた期間が経過したときに，当該政策がその実現を目指した効果が発揮されていないこと．

定されている（詳しくは第8章参照）．

　この未着手・未了評価は，日本版評価類型では，「事業評価方式」が想定されている．例えば，前出の『政策評価の在り方に関する最終報告』（2000年）では，「事前の時点で，あらかじめ期待される効果やそれらに要する費用などを分析・検討することにより，選択を合理的にする．」場合が想定されていた．これが「合理的選択のモデル」を念頭においていることはいうまでもない．

　事業評価方式は，費用効果分析や費用便益分析などの定量分析による政策効果の量的把握を想定するものであり，この分析結果をもとにして，直轄事業や補助事業などの「選択と集中」が行われることを期待するものである．そして，この場合の合理性は，投資効果が大きくない事業を縮減することで，財政の効果的活用をはかるための「縮減」や，これを前提とした「見直し」，または，社会経済的合理性の達成のための「見直し」などを期待するものとなる．

　事業評価方式のもっとも重要な論点は，政策評価担当職員が十分に数理系の分析ツールを使いこなすことができるのかという点にある．政策効果，とくに経済効果の測定に際しては，例えば消費者余剰計測法，ヘドニック法，トラベルコスト法等といった経済・工学系のツールが用いられる．したがって，かりにこれらの分析ツールを駆使するのであれば，一定の教育訓練のコストを念頭におかなければならない．さらにいえば，これら評価手法のチェックにおいても，いかにして分析の水準（評価の技術的な質）を担保するかという課題が残さ

れている.

（2）事前評価（法第9条及び施行令）

第2に「事前評価」についてである.

事前評価は,政策評価法第9条および施行令に定められており,それらの対象政策に対する評価は「義務付け評価」ともよばれている.

未着手・未了評価が事業の「期間」に注目した条件があるのに対し,事前評価は施行令にあるとおり,「金額」に注目した条件が設定されている.こうした条件の違いはあるものの,事前評価の手法は未着手・未了評価と同じ「事業評価方式」を想定するものであり,未着手・未了評価の場合と同じ,分析ツールの利用可能性が期待されている.

政策評価法の施行当初,事前評価を義務付けられていたのは,個々の「研究開発」「公共事業」「政府開発援助」の3つであった.これらはかつて「義務付け三分野」とよばれていた.また,その具体的な対象は,10億円（補助事業）以上の費用が見込まれる政策とされていた（法施行令第3条）.

なお,政策評価法の施行直後,「研究開発」「公共事業」「政府開発援助」の事前評価の手法開発についてはその足並みはそろっていなかった.このなかで先行していたのは「研究開発」と「公共事業」であった.「政府開発援助」については,事前評価の手法開発は出遅れており,総務省と外務省の共同省令により,法第9条の施行が延期されていた（参照,表6-5）.

これらの分野が「義務付け」されていた理由は,主として埋没費用（sunk cost）の観点から説明されている.すなわち,これらの分野の事業はそもそも巨額なものが多く,一旦着手してしまうと事業を中止・休止することが難しくなる.このため,事前評価によって情報をよく整理し,合理的な選択を行うことが求められるとされていたのである.

表6-5　行政機関が行う政策の評価に関する法律第9条（抄）

第九条　行政機関は，その所掌に関し，次に掲げる要件に該当する政策として個々の研究開発，公共事業及び政府開発援助を実施することを目的とする政策その他の政策のうち政令で定めるものを決定しようとするときは，事前評価を行わなければならない．
　一　当該政策に基づく行政上の一連の行為の実施により国民生活若しくは社会経済に相当程度の影響を及ぼすこと又は当該政策がその実現を目指す効果を発揮することができることとなるまでに多額の費用を要することが見込まれること．
　二　事前評価に必要な政策効果の把握の手法その他の事前評価の方法が開発されていること．

表6-6　行政機関が行う政策の評価に関する法律施行令（抄）

（法第九条の政令で定める政策）
第三条　法第九条の政令で定める政策は，次に掲げる政策とする．ただし，事前評価の方法が開発されていないものその他の事前評価を行わないことについて相当の理由があるものとして総務大臣並びに当該政策の企画及び立案をする行政機関の長（法第二条第一項第二号に掲げる機関にあっては内閣総理大臣，同項第四号に掲げる機関にあっては総務大臣）が共同で発する命令で定めるものを除く．
　一　個々の研究開発（人文科学のみに係るものを除く．次号において同じ．）であって十億円以上の費用を要することが見込まれるものの実施を目的とする政策
　二　個々の研究開発であって十億円以上の費用を要することが見込まれるものを実施する者に対し，その実施に要する費用の全部又は一部を補助することを目的とする政策
　三　道路，河川その他の公共の用に供する施設を整備する事業その他の個々の公共的な建設の事業（施設の維持又は修繕に係る事業を除く．次号において単に「個々の公共的な建設の事業」という．）であって十億円以上の費用を要することが見込まれるものの実施を目的とする政策
　四　個々の公共的な建設の事業であって十億円以上の費用を要することが見込まれるものを実施する者に対し，その実施に要する費用の全部又は一部を補助することを目的とする政策
　五　個々の政府開発援助のうち，無償の資金供与による協力（条約その他の国際約束に基づく技術協力又はこれに密接な関連性を有する事業のための施設（船舶を含む．）の整備（当該施設の維持及び運営に必要な設備及び資材の調達を含む．）を目的として行われるものに限る．）であって当該資金供与の額が十億円以上となることが見込まれるもの及び有償の資金供与による協力（資金の供与の条件が開発途上地域にとって重い負担にならないよう金利，償還期間等について緩やかな条件が付されているものであって，国際協力銀行法（平成十一年法律第三十五号）第二十三条第二項第一号の規定に基づき外務大臣が定める者に対して，その行う開発事業の実施に必要な資金を貸し付けるものに限る．）であって当該資金供与の額が百五十億円以上となることが見込まれるものの実施を目的とする政策

（3）規制影響分析（RIA）

第3に規制影響分析（RIA）についてである.

規制影響分析（RIA）は政策評価法の施行当時は評価手法が確立されていないとの理由から単なる「宣言」にとどまっていた.だが,その後の調査研究の進展によって制度的に導入してはどうかという議論となった.その動向および概要については総務省の調査研究チームが報告書にまとめたうえで出版した『規制評価のフロンティア』に詳しい［規制に関する政策評価の手法に関する研究会 2004］.ここに述べられているRIAの動向は,アングロ・サクソン圏におけるミクロ経済学を基調とした政策分析の発達を背景としたものである.

政府では,総合規制改革会議の「規制改革の推進に関する第3次答申」をふまえ,RIAと政策評価とのリンクが模索されていた（参照,表6‐7）.これに対し総務省では,2003年4月策定の「行政評価等プログラム」に基づき2003年9月よりRIAに関する研究会を開催し（座長・金本良嗣東京大学経済学研究科教授），諸外国の動向にかかる調査結果をとりまとめた.

RIAは2004年度以降,「政策評価に関する基本方針」に基づき,試行的に導入され,その後,2007年の行政機関が行う政策の評価に関する法律施行令に書き込まれ,制度として導入されることとなった（2007年10月義務付け開始）.分野としては,同書に記されているとおり,環境,安全,健康分野が念頭におかれていたようである.

ところで,RIAの目的は大別して「効率性重視型」と「説明責任重視型」とに区別することができるという.これを示したのが表6‐8である.このうち,社会経済的な効用の最大化および行政資源の節約にかかる費用最小化については効率性重視型のRIAが求められ,したがってこの志向に基づく政策評価の高度化が要請されることとなる.ただし,この実質的な中身の議論は政策分析そのものであり,政策所管部局が自己評価として取り組むよりも,省内にスタッフ部局をおき,専門分野の研究者の知的資源を動員しつつ取り組んだり,対象を重点化したりする方が有意義であるのかもしれない.

表6‐7　「規制改革・民間開放推進3か年計画」（2004年3月）（抄）

---

② 規制改革手法の見直し

　　規制改革・民間開放推進会議の活動の中心は，今後とも既存規制の見直しとすべきであるが，その手法について，従来の手法に加え，以下の手法も取り入れることとする.

　ア　規制影響分析（RIA: Regulatory Impact Analysis）の活用

　　　規制影響分析（RIA）とは，規制の導入や修正に際し，実施に当たって想定されるコストや便益といった影響を客観的に分析し，公表することにより，規制制定過程における客観性と透明性の向上を目指す手法である.

　　　基本的に，RIAの手法は，規制導入時における客観性や透明性を高めるものであるが，それに加え，規制の導入から一定期間が経過した後に，当該規制がその時点での社会経済情勢に照らしてなお最適であるか否かを判断する材料としても有効である.

　　　したがって，後述（(2)①）のとおり各府省が実施すべきRIAについて，規制改革・民間開放推進会議が既存規制をチェックする際にも活用できるような仕組みを作ることとする.

　　（中略）

(2)規制に係る手続の見直し

① RIA導入の推進【平成16年度以降逐次実施】

　　RIAは，1980年代以降，米国，英国等において導入が進んでいる. 我が国では，「行政機関が行う政策の評価に関する法律」（平成13年法律第86号）に基づく「政策評価に関する基本方針」（平成13年12月28日閣議決定）において，規制に係る政策評価の実施に向け積極的に取り組むこととされており，その取組を着実に推進する必要があるものの，義務付けには至っていない.

　　しかしながら，RIAの手法は，規制導入時における客観性や透明性を高めるだけでなく，先述のとおり既存規制をチェックするツールとしても有効であることから，すべての規制の新設・改正時に用いられるべきであり，以下のようにその導入を推進する.

　ア　RIAについては，各府省において平成16年度から試行的に実施することとし，評価手法の開発された時点において，「行政機関が行う政策の評価に関する法律」の枠組みの下で義務付けを図るものとする.

　　　このため，毎年度，総務省は，規制改革・民間開放推進会議と連携しつつ試行的なRIAの実施状況を把握・分析するとともに，その結果得られたこれらの取組の推進に資するような知見・情報等を各府省に対して提供することや調査研究等を通じて，政策評価の観点から早急にその評価手法の開発の推進に努めることとする. また，各府省においても，規制改革・民間開放推進会議及び総務省と連携しつつ評価手法の開発の推進に努めることとする.

　イ　RIAが客観性を持ち得るためには，可能な限り定量的かつ詳細な分析が必要であるが，その分析手法が確立していない現時点においては，一律に定量かつ詳細な分析を義務付けることは行政コストを増大させるのみで実益に乏しい.

　　　したがって，当面，RIAについては，諸外国の例を参考にしつつ分析項目のみ提示し，内容面については徐々に充実させていくことが適当である. また，定期的なレビューの実施に資するため，レビューの時期や規制を見直す条件等を盛り込むことが適当である.

　　　項目例としては，以下の項目が考えられる.

　㋐規制の内容（規制の目的・必要性等を含む.）

　㋑規制の費用分析（規制実施による行政コスト，遵守コスト，社会コストの推計）

　㋒規制の便益分析（規制実施による産業界や国民への便益，社会的便益の推計）

　㋓想定できる代替手段との比較考量

　㋔規制を見直す条件

　㋕レビューを行う時期

注：「規制改革・民間開放推進3か年計画」は2005年3月25日に改定されている.

表6‒8　規制影響分析の目的と内容

	効率性重視型	説明責任重視型
目　的	社会的効率性（便益が費用を上回ること）を達成する.	手続き的正当性・利害関係者や国民に対する説明責任を果たす.
内　容	効果はできるだけ金銭価値化を行い，費用便益分析を実施する．また，金銭評価できない場合は費用効果分析を実施する.	規制によって生じるすべての影響をできるだけ具体的・定量的に示すことを中心とする・その上で可能ならば，金銭価値化を行い，費用便益分析を実施する.

出典：規制に関する政策評価の手法に関する研究会［2004：241, 岸本充生報告］.

　他方，RIA の主たる眼目は効率性の達成よりも，「規制改革・民間開放3か年計画」に掲げられているとおり，むしろ「客観性」や「透明性」の確保の方に力点があると捉えることもできる．これは社会経済的な広い意味での効率性に関心を持つ利害関係者や国民が納得できる議論を行うことを期待するものである．

＋ 4．政策評価の見直し

（1）附則第二条に基づく見直し

　政策評価制度は法施行後，大きな見直しを2度経験している．第1に2007年の政策評価法附則第二条に基づく見直し（法施行後3年の見直し）である．第2に民主党等連立政権下における政策評価の事業仕分けをふまえた抜本的機能強化である．

　前者の2007年の政策評価法附則第二条に基づく見直し（法施行後3年の見直し）では，閣議決定文書である「政策評価に関する基本方針」が改定されるとともに，政策評価各府省連絡会議了承の「政策評価の実施に関するガイドライン」も策定された．2007年見直しの骨子は，「重要政策に関する評価の徹底」「評価の質の向上（評価結果の予算要求等政策への反映）」「評価の質の向上（評価の客観性の確保）」「国民への説明責任への徹底」の4点であった．

　今日的視点からいえば，2007年の見直しは，のちに議論される政策評価の標準化・重点化と密接なかかわりをもっていたといえる．のちの政策評価の標準化・重点化では，府省の政策評価の基本型が「目標管理型評価」であるとされ，政策体系の整理，達成目標の数値化などが課題とされた．2007年見直しはこれを一部先取りするものであったといえる．

（2）民主党等連立政権による見直し

　2009年には政権交代によって民主党等連立政権が誕生し，国民的な注目を詰めた「事業仕分け」が登場した．「事業仕分け」はいわば「公開型の予算査定」ともいうべきものであり，政策評価制度が主として施策レベルの評価を行なっていたのに対し，事務事業レベルを対象とするものとして展開した．「事業仕分け」には類似の制度がある．それが「政策仕分け」と「行政事業レビュー」（国丸ごと仕分け）である．また，2012年に自民党等連立政権に政権再交代が行われた後にもその一部は継承された．継承されたのはこれらのうち，「行政事業レビュー」であった［南島 2011］．

　なお，行政事業レビューの一部は「公開プロセス」として報道されており，府省のマネジメントの一部として取り組まれている．このうち，のちに政策評価と関連付けられようとされていくこととなるのもこの「行政事業レビュー」であった．

　民主党等連立政権ではこのほか，イギリスの PSAs（public service agreements）に範をとった「政策達成目標明示制度」の導入も方針として示されていた．政策達成目標明示制度は，国家戦略局構想の迷走により挫折することとなったが，その基本的なアイデアは，政策評価に類する機能を政治主導のツールとして整備できないかという問題意識に基づくものであった．

　民主党等連立政権時には，こうした複数の政策評価関連制度が構想・導入されたが，その結果として，政策評価関連制度が増殖することとなり，それらの複数の制度間の関係をどのように整理するかという課題が残されることとなった．

（3）政策評価に対する仕分け

　先述した事業仕分けのうち，2009年11月13日に行われた事業仕分け第一弾第
1 WG では，総務省の「政策評価，行政評価・監視」が仕分けの対象となっ
た．このとき，事業仕分けが政策評価に類するものであったため，総務省の政
策評価機能についても再整理する必要があるのではないかという点が指摘され
ていた．論点は，「評価制度は十分な機能を果たしていないのではないか」で
あった．

　事業仕分けにおける財務省の論点提起においては，「より積極的にさまざま
な指摘をすることが期待されるのではないか」「各府省の事前評価をこれまで
以上に充実させる必要があるのではないか」「総務省はそれを指導する立場と
して，その責務を果たしていく必要があるのではないか」「調査テーマの選定，
実施方法を工夫し，より効果的な評価・監視を追求していく必要があるのでは
ないか」という点が指摘されていた．しかし，実際に仕分けが行われてみると，
その結果は異例の「抜本的機能強化」となった．これを受けて2010年4月に総
務大臣は，「行政評価機能の抜本的強化策」をまとめ，それを「行政評価等プ
ログラム」に反映することとなった．

　政策評価への仕分けは政策評価制度にとっての大きな転換点となった．改革
案の骨子は，「政策評価に関する情報の公表」（「政策評価に関する情報の公表に関す
るガイドライン」（2010年5月政策評価各府省連絡会議了承）），「政策達成目標明示制度
への対応，成果志向の目標設定の推進」「事前評価の拡充」（租税特別措置の政策
評価）などであった．また，後述するように，府省の政策評価についてはさら
に，事前分析表と政策評価の標準的な様式が示されることとなった．

（4）標準化・重点化

　総務省は2010年に「行政評価機能の抜本的強化策」をまとめ，政策評価の運
用改善に乗り出した．そのなかでとくに大きな扱いを受けていたのが行政事業
レビューと政策評価の機能的整理であった．

　行政事業レビューは，府省のマネジメントの範囲で議論されるものであり，政策評価と同じように目的・目標や指標が掲げられ，対象事業は5500事業に及んでいた（「公開プロセス」で審議された事業はこのうちの一部）．政策評価との違いは，予算執行の際の資金面の流れについてわかりやすくまとめていること，政策評価が担当課レベルでの記述を中心としているのに対し（施策レベル），予算査定のレベルに近い「事務事業レベル」を対象としていることなどであった．

　事務事業は予算編成の単位に近いものであることから，この取り組みもまた「公開型の予算査定」といった方がわかりやすい．なお，行政事業レビューは，政策評価では議論することが難しかった予算面の執行状況などを議論することに向いていたといえる．

　行政事業レビューが展開するなかで，政策評価と行政事業レビューとの整理は改めて不可避となった．従来，課題とされてきた「効率化」や「予算への反映」については，予算査定のレベルを議論する行政事業レビューの方が親和的であった．他方で，行政事業レビューにおいては，上位目標との関係，施策レベルと事業レベルのリンケージが不透明なままであり，このことがくりかえし指摘されることとなった．

　同時期，総務省では，府省の政策評価の標準化・重点化が議論されていった．またそのなかで，政策評価については，「目標管理型の政策評価の実施に関するガイドライン」（2013年12月20日各府省政策評価連絡会議了承）が策定されることとなった．

　同ガイドラインのなかで政策評価と行政事業レビューとの関係について触れられていたのは，「政策評価と行政事業レビューの相互活用」「施策と事務事業との対応関係の整理」「実施過程における関係部局間の連携等」の3点であった．

　端的に言って，行政事業レビューが対象としていたのは「事務事業レベル」であった．これに対して政策評価法下で取り組まれてきたものは「施策レベル」であった．一方で，自治体では「事務事業レベルの評価」から「施策レベ

（記入イメージ）

平成24年度実施施策に係る事前分析表

（○○省24-①）別紙1

施策名	□□な△△△の向上				
施策の概要	○○を推進する	担当部局課名	○○局○○課	作成責任者名（※記入は任意）	○○課長 ○○ ○○
		政策体系上の位置付け	○○の形成を通じ△△△の構築		
運営すべき目標	全ての○○が……な程度に……できるような△△△を実現	目標設定の考え方・根拠	……との理念にしたがって、○○計画（閣議決定）において、「○○○」と規定している	政策評価実施予定時期	平成○年○月

測定指標	基準年度		目標年度	目標値	年度ごとの目標値					測定指標の選定理由及び目標値（水準・目標年度）の設定の根拠
					24年度	25年度	26年度	27年度	28年度	
① ○○調査における△△△率（※4か年計画の場合の記入例）	平成22年度	50%	平成26年度	70%	○%	○%	70%	—	—	・本施策における重点事項を定めている○○計画（閣議決定）において、○○調査における△△△率については、×年までに□□%にすることとされているため
② □□適合基準率（※10か年計画の場合の記入例）	平成23年度	75%	平成33年度	90%	—	—	中間段階において75%を下回らない 計画の見直しを実施	—	—	・□□基本計画（閣議決定）の成果目標として□□適合基準率が（H28）80%（H33）90% と規定されているため 75%（H23）→83%

測定指標	基準年度		目標年度	目標	施策の進捗状況（目標）					測定指標の選定理由及び目標（水準・目標年度）の設定の根拠
					24年度	25年度	26年度	27年度	28年度	
③ ○○○事業計画の推進（5か年計画の場合の記入例）	計画対象事業の初年度	計画対象事業の選定の洗い出し	平成27年度	○○事業計画の完了	対象事業選定の先洗い出し	○○事業計画の実施	○○事業計画の進捗	○○事業計画の完了	—	・□□において定める次の△△△計画（閣議決定）において、「平成○年度までに……業を完了する」と規定されているため

測定指標	目標	目標年度	関連する名指標	達成手段の概要等
④ ○○○の改正作業（※単年度の目標設定の場合の記入例）	改正法案を次期通常国会に提出	平成24年度	1	・□□大綱（閣議決定）において、次期通常国会への関連法の改正法案の提出を予定しているため

達成手段（開始年度）	補正後予算額（執行額）		24年度当初予算額	関連する名指標	達成手段の概要等
	22年度	23年度			
(1) ○○事業（平成○年度）（関連：24-①）	…億円（…億円）	…億円	…億円	1	・……において、○○○を整備 ○○○を整備することは……人の○○に対し、……％甲し上げるだけの効果があると見込んでいる（○○○の満足度：○％）
(2) ○○事業（平成○年度）	…億円（…億円）	…億円	…億円	2	・……に対する交付金として、○○を実施 ・事業を実施することにより、主要な○○などを中心に連続○の○○化を行う地区の総面積が増加し、一層の……の促進を図ることができると見込んでいる（○○○の利用者：○人）
(3) ○○に関する租税特別措置（平成○年度）	—	—	—	1	……
(4) ××税制の適切な運用（平成○年度）	—	—	—	2	……

図6-1 事前分析表のイメージ

出典：総務省行政評価局（「目標管理型評価の政策評価の実施に関するガイドライン」別添資料）.

目標管理型の政策評価に係る評価書の標準様式　　別紙2

(○○省23—①)

施策名							
施策の概要							
達成すべき目標							

施策の予算額・執行額等	区分		21年度	22年度	23年度	24年度
	予算の状況(千円)	当初予算(a)				
		補正予算(b)				
		繰越し等(c)			(※記入は任意)	
		合計(a+b+c)			(※記入は任意)	
	執行額（千円）				(※記入は任意)	

施策に関係する内閣の重要政策（施策方針演説等のうち主なもの）	

測定指標	指標A	基準値	実績値					目標値
		○年度	○年度	○年度	○年度	○年度	○年度	○年度
	年度ごとの目標値							
	指標B	基準	施策の進捗状況（実績）					目標
		○年度	○年度	○年度	○年度	○年度	○年度	○年度
	年度ごとの目標値							
	指標C		施策の進捗状況（実績）					目標
								○年度

施策に関する評価結果	目標の達成状況	
	目標期間終了時点の総括	

学識経験を有する者の知見の活用	

政策評価を行う過程において使用した資料その他の情報	

担当部局名		作成責任者名（※記入は任意）		政策評価実施時期	

図6-2　目標管理型評価の標準様式のイメージ

出典：総務省行政評価局（「目標管理型評価の政策評価の実施に関するガイドライン」別添資料）.

ルの評価」へという発展経路をたどっていた．これに対して国の府省の取り組みでは，「施策レベルの評価」が先行し，事業仕分けや行政事業レビューの登場によってようやく「事務事業レベルの評価」が登場した．なお，国の場合には一方は総務大臣，一方は行政改革担当大臣の所掌とされており，監督する大

臣がそもそも統合されていないという課題が残されているところである.

─ 5. 政策評価と合理性

　本章は,府省の政策評価の制度運用の実態を明らかにすることを目指していた.ここでは本章の議論でうかびあがった課題等についてまとめておきたい.

　第1に,「自己評価」については総じてその目的意識が不明確となりがちである点を指摘しておきたい.

　ここまで紹介してきた政策評価は,府省の内部において「決裁」を受けている.府省内部で行われる「決裁」は,それ自体府省の意思決定の手続きそのものである.それは何を意味するのか.

　自己評価が行政機関の意思決定と同一の手続きで行われるところからいえることは,政策評価は「参考となる情報」ではいられないということである.すなわち,自己評価とはいいながら,実質的に政策評価の結果は,意思決定と同様の機関決定を経ている.このことが内包するのは,政策評価の存在意義があるのかという根源的な問いである.

　さらにいえば,政策評価の結果を予算要求へと反映させる際に「参考となる情報」の産出が政策評価制度には求められているわけだが,政策評価の結果自身が「決裁」によってオーソライズされているのであるから,これを各政策所管部局が自ら「反映」するというのはレトリックに過ぎないということになる.それが「評価疲れ」といわれる問題の温床にもなっている.

　第2に,本章で「特別な政策評価」とよんだものは,その他の政策評価と比較すると,その目的は相対的に明確である.未着手・未了評価や事前評価はいずれも事業評価方式にカテゴライズされるが,これらはそれぞれ無駄な事務事業の中止や企画段階のアセスメントの充実,政策・事業の目的意識性の明確化を狙うものであった.また,規制影響分析は規制新設段階での客観性や透明性,あるいは社会経済的な効用の最大化および費用の最小化を求めるものであった.

　ただし，こうした「特別な政策評価」については，くりかえし述べていると
おり，ミクロ経済学等の「応用」の視点が顕著である．ひとまず，行政実務と
ミクロ経済学との接点から，以下の5点を課題としておこう．

　第1に，制度設計担当者や評価担当者自身が学術的な意味でミクロ経済学等
の数理的アプローチへの習熟度をあげ，制度設計・制度運用レベルでもこれを
駆使することが期待されている．さもなければ，かつてのPPBSがそうであ
ったように，制度としては一過性のもので終わるもしくは運用面での水準の
上昇が望めないということになりかねない．評価手法の獲得には，一定のコス
トや時間が必要である．それこそが発想・着想を規律し，評価・分析の水準を
担保する専門性が獲得されるからである．

　第2に，実際に評価手法を活用するのは企画立案部門ばかりではなく，その
実効性を担保するために組織の実質的な意思決定の舞台となる課室レベル，あ
るいは当該政策を実施する関係団体でもある．これらの評価手法を制度・ルー
ルとして作動させるためには，関係者が協働して資料を作成し，共有し，これ
を活用していくことが望まれる．

　第3に，数理系のアプローチは，社会経済的な効用の最大化および費用最小
化の方向を目指すものである．これを徹底すればより広い視野からの行政への
批判的分析の態度となる．すなわち，これを行政機関に実装することは，行政
活動を推進する立場に対して強い知的緊張を強いるものとなる．果たして当該
政策を担当する政策所管部局にこれを高いレベルで望むことはできるのだろう
か．

　第4に，財政逼迫への対応など，短期的な意味での「費用最小化」はもちろ
んのこと，さらに社会経済的な効用の最大化の追及といった広義の効率化＝
「効用最大化」のためには，中長期的な戦略とビジョンのもとでこれを推進し
ていく必要がある．ここにはこれまでの行政計画同様，計画行政に付随する予
測可能性や財政との関連性などの基本論点が伏在している[1]．

　第5に，これらの発想・着想は行政機関のなかで行うよりも，すくなくとも

当面は，専門性の観点から，政府の外部の機関・組織等によって推進されるべきではないかと思われる．なぜならば行政機関には人事異動があり，せっかく技能を修得した人材であっても継続して評価のセクションに居続けことはできないからである．なお，この意味での「外部性」の発達は，今後の課題である．

（1）多様な合理性

そのうえで，本章の補足として以下の３点に触れておきたい．

第1に，政策評価にかかる価値の種類についてである．例えば予算縮減を志向する場合，行政活動の目的がそもそも妥当であるかを確認することが求められる．これが政策評価の観点の１つである「必要性の観点」の議論である．例えば未着手・未了評価や事前評価ではこの論点が中心となっている．また目的をどの程度達成しているか，効用がどの程度拡大しているのかを問うことも求められる．評価の観点では，「有効性の観点」がこれに該当する．さらに，目的達成と費用の関係をふまえつつ，複数の手段を比較検討する「効率性の観点」の議論がある．主として経済学が主張する評価はこれである．

第2に，これら諸価値の合理性のウエイト，あるいは序列をどうするかという問題である．個々の政策は，それ自体が政治的な意思に基づく正当性を有している．したがって，問題となるのは，このそれぞれの価値にどの程度のウエイトをおくべきか，あるいはいかなるプライオリティをつけるかという議論である．ただし，このような議論を行うためには，個別政策の具体的中身に立ち入った議論をつみあげていかなければならない．それはさらに政策の熟成度合い，すなわち，政策の生成期にあるのか，政策の発展期にあるのか，政策の爛熟期にあるのか，それとも政策の衰退期にあるのかに応じて，そのウエイトないしプライオリティのおき方を変えていかなければならない．

第3に，価値合理性の議論が十分に行いえない場合についてである．例えばいわゆるハコモノ行政や補助金は，「利益誘導」という言葉があるように，しばしば政治的判断によって実現しがちである．政治的判断は一面において民主

主義の一環を構成するものとなる．政府政策が政治的判断と行政内部の政策形成を複合したものであると観念するとき，価値合理性の議論はこの政治的判断とどのように向き合うべきかという議論を避けて通れない．

注

1）　例えば，この論点に対する辛辣な批判はアマルティア・センを参照できる．センによれば，近代経済学は自己利益の最大化と推移律に基づく選好の内部的整合性を中心に据えている．この近代経済学に対してしばしば登場する批判は，計算不可能な倫理的な命題を捨象しているという点である．従来，この倫理的命題に挑戦してきたのがベンサムにはじまる功利主義，ピグーの厚生経済学等であった．その中心にあるのは，効用の個人間比較の不可能性であった．今日，センのように経済学の内部からこの論点に対して問題提起がなされているが，確固としたオルタナティヴが提示されているわけではない［cf., Sen 1987＝2002］．

第7章 評価の厳格性と客観性

　日本の行政組織において評価を普及させようと考えるときに突き当たる大きな壁の1つは，評価という「新しい文化」をどのように伝えうるのかということである．

　1つの考え方としてありうるのは，啓蒙である．「新しい文化」を行政組織に対して啓蒙し，自ら進んで取り組むようにするためには，評価の手法に関する知識の整理・伝達にとどまらず，いっそう深いレベルにある思想面の知識の整理・伝達も必要になる．

　しかし，一定水準の知識を得たとしても，積極的に自己評価が推進されない場合も想定される．一定の知識を獲得し，評価手法を使いこなすことが仮にできたとしてもなお，やはり自らの組織の戦略に有用ではないと判断されることがありうるからである．

　この論点についての考えを深めるため，第7章では，政策評価制度の発足当初の客観性担保評価をとりあげる．客観性担保評価は，各府省の自己評価に対して働きかける政策評価制度の全体の調整者の立場であり，そこが「反映」をめぐる1つの舞台でもあった．

1. 客観性の制度

（1）制度の理念

政策評価制度の設計段階では，行政改革会議の『最終報告』の第2章にある

ように，①「これまでの行政における評価機能の弱さ」，②「政策効果の適時適
切な把握と政策への反映への必要性」，③「透明性の向上」が課題とされてい
た．また，これらの要件を満たすための具体的な制度論として，「客観性を確
保するため，評価指標の体系化や数値化・計量化など合理的で的確な評価手法
を開発していくこと」や「全政府的な観点から政策評価の総合性とより厳格な
客観性を確保するため全政府レベルの評価機能を設定すること，そのために行
政監察機能を充実強化し，民間有識者などを加えた第三者的評価を可能とする
仕組みを構築すること」が論じられていた．

　『最終報告』における提言のうち上記の部分は，のちの客観性担保評価につ
ながるものとなった．この意味において客観性担保評価は，府省の自己評価を
外部から規律する政府部内規制（Regulation Inside Government）のツールとして
設計されたものの一種であった［See, Hood, Scott and Janes et al. 1999］．

　他方，政策評価の理念は，政策評価法をふまえ，①「国民に対する説明責任
（アカウンタビリティ）の徹底」，②「国民本位の効率的で質の高い行政の実現」，
③「国民的視点に立った成果重視の行政への転換」の３点であるとされていた．
これらの制度理念の実現に向けて，「自己評価」が各府省に課された点はこれ
までに見てきたとおりである．そして，これら自己評価を組織内の視点ではな
く，政策評価の質の高度化や内容の充実，適正な運用の観点から規律する仕組
みを講じるべく，政策評価制度においては，客観性担保評価が用意されていた．

（2）客観性担保評価の設計

　客観性担保評価の設計は，「中央省庁等改革の推進に関する方針」および
「政策評価に関する標準的ガイドライン」においてすでに登場していた．また
これらを受ける形で，政策評価法第12条および政策評価に関する基本方針によ
って客観性担保評価は，具体的制度となったのである．

　「中央省庁等改革の推進に関する方針」では，客観性担保評価の制度設計の
ポイントとして以下の２点が論じられていた．

　第 1 に総務省が「総合性及び厳格な客観性を担保する評価」を行うことが明示されていた. すなわち, 客観性担保評価は総務省が行う政策評価の 1 つとされ, これが「府省の評価状況を踏まえて」行われることがこの時点で明らかとされていた.

　第 2 に客観性担保評価を含めた総務省が行う政策評価の運用にあたっては,「民間有識者により構成される政策評価・独立行政法人評価委員会 (仮称)」が設置されることおよびその十分な活用が諮られるべきことが謳われていた.

　「中央省庁等改革の推進に関する方針」では, これ以上の詳細な記述は見あたらず, より具体的な議論は, 2001 年の 1 月の政策評価の導入の際に明らかとされた. 例えば「政策評価に関する標準的ガイドライン」では, 客観性担保評価についてさらに以下の 5 点が明らかとされた.

　第 1 に「政策評価に関する標準的ガイドライン」では, 総務省が行う政策評価が総務省設置法に基づき「各府省とは異なる評価専担組織の立場」から行われるものであることが明示された. すなわち, 客観性担保評価は, 通常の政策評価とは異なる総務省の専管事項であることが述べられていた.

　第 2 にこの評価専担組織としての総務省による評価として,「統一的若しくは総合的な評価」とともに,「政策評価の客観的かつ厳格な実施を担保するための評価」が明示されていた. これらは具体的には, ① 全政府的見地から府省横断的に評価を行う必要があるもの, ② 複数の府省にまたがる政策で総合的に推進するために評価する必要があるもの, ③ 府省の評価状況をふまえ, 厳格な客観性を担保するために評価する必要があるもの, ④ その他, 政策を所掌する府省からの要請に基づき, 当該府省と連携して評価を行う必要があるもの, という 4 つの政策に対して「評価専担組織」としての評価が行われるものとされていた. これらのうち, 客観性担保評価に該当するのは③および④であった.

　第 3 にこれらの補足説明として, 政策評価は, あくまでも各府省が自ら評価を行うことが基本であることが述べられていた. 各府省が自ら政策評価を行う

意義は以下の3点とされていた．第1に，各府省が対応すべき行政課題をもっとも把握しやすい立場にあること，その結果を自らの企画立案やそれに基づく実施に反映させることで実効ある改善・見直しが見込まれることである．第2に，各府省が自ら評価することによって政策にかかる情報・データが整理され，評価結果として公表されること，また国民がこれらの情報を利用して行政の実態を把握することが可能となり，政策に対する理解や行政課題に対する認識を深めることにもつながることである．第3に，政策評価およびその結果の蓄積を通じて各府省は学習を行うことができ，以後の政策の企画立案にいかしていくという過程が確立され，政策形成能力が高まることが期待されるということである．そして，総務省はこれらとは「異なる立場」から評価を行うこととされていた．

第4に各府省および総務省は，「評価についてできる限り客観性及び透明性」を確保すべきであるとされた．なお各府省および総務省に求められる留意点としては以下の3点が掲げられていた．第1に「必要に応じ，学識経験者，民間等の第三者等の活用をはかること」である．第2に「可能な限り客観的な情報・データを用いて評価を行うよう努めること」である．第3に「評価の結論のみならず，可能な限り，用いたデータや仮定等の前提条件に関する情報の公表に努めること」である．

第5に各府省に対しては「第三者等の活用」が，総務省に対しては「第三者機関の設置」が講じられることが明確にされた．各府省においては，「高度の専門性や実践的な知見が必要な場合」および「政策評価の実施に当たり客観性の確保，多様な意見の反映が強く求められる場合」に，必要に応じ第三者等の活用がはかられるものとされた．また総務省においては，「政策評価・独立行政法人評価委員会」（当時）が設置され，同委員会は総務省の諮問に応じ，「政策評価に関する基本的事項」および「総務省が各府省の政策について行う統一的若しくは総合的な評価又は政策評価の客観的かつ厳格な実施を担保するための評価に関する重要事項（総務省が行う政策評価の計画，実施状況，主要な勧告等）を

表 7 - 1 政策評価・独立行政法人評価委員会の機能

名　称	所　掌　事　務
政策評価分科会	1　総務大臣の諮問に応じて次に掲げる事項を調査審議すること. 　イ　政策評価（総務省設置法（平成11年法律第91号）第 4 条第16号に 　　　規定する政策評価をいう. 以下同じ.）に関する基本的事項 　ロ　各府省の政策について行う統一的若しくは総合的な評価又は政策 　　　評価の客観的かつ厳格な実施を担保するための評価に関する重要 　　　事項
	2　前号イ及びロに掲げる事項に関し，総務大臣に意見を述べること.
	3　行政機関が行う政策の評価に関する法律（平成13年法律第86号）第 　　 5 条第 4 項（同条第 6 項において準用する場合を含む.）の規定に 　　基づき委員会の権限に属せられた事項を処理すること.
独立行政法人評価分科会	独立行政法人通則法（平成11年法律第103号）の規定に基づき委員会の 権限に属させられた事項を処理すること.

出典：行政管理研究センター［2005：44］.

調査審議」する際に意見を述べることが明らかとされた．客観性担保評価との関係では，これが政策評価・独立行政法人評価委員会（表 7 - 1）との連携のうえで行われることが期待されたのである.

　これらを受けて，2001年に制定・策定された政策評価法および政策評価に関する基本方針では，客観性担保評価が制度化されることとなった．その関連部分を抜粋したものが表 7 - 2 および表 7 - 3 である.

（3）評価の評価

　政策評価法では，制度としての客観性担保評価は，法第12条第 2 項の規定に基づいて行われる総務省の評価活動とされた（表 7 - 2）．当該評価は，「統一性・総合性確保評価」とともに「評価専担組織としての評価」とされ，各府省が行う「政策評価」と区別して「政策の評価」とよばれた．すなわち，総務省の行う「政策の評価」の 1 つが，「客観性担保評価」であった.

　また，「政策評価に関する基本方針」では，客観性担保評価は，各府省の行う自己評価に対し，これが「手続き」として厳格に行われているかどうか，あ

表7‐2 政策評価法第12条

（総務省が行う政策の評価）
第十二条 総務省は，二以上の行政機関に共通するそれぞれの政策であってその政府全体としての統一性を確保する見地から評価する必要があると認めるもの，又は二以上の行政機関の所掌に関係する政策であってその総合的な推進を図る見地から評価する必要があると認めるものについて，統一性又は総合性を確保するための評価を行うものとする.
　2 総務省は，行政機関の政策評価の実施状況を踏まえ，当該行政機関により改めて政策評価が行われる必要がある場合若しくは社会経済情勢の変化等に的確に対応するために当該行政機関により政策評価が行われる必要がある場合において当該行政機関によりその実施が確保されないと認めるとき，又は行政機関から要請があった場合において当該行政機関と共同して評価を行う必要があると認めるときは，当該行政機関の政策について，政策評価の客観的かつ厳格な実施を担保するための評価を行うものとする.
　3 前二項の規定による評価は，その対象とする政策について，その政策効果を把握し，これを基礎として，必要性，効率性又は有効性の観点その他政策の特性に応じて必要な観点から，行うものとする.

表7‐3 政策評価に関する基本方針（抄）

(3) 総務省の評価活動
　総務省は，政策を所掌する各行政機関とは異なる評価専担組織として，各行政機関が担い得ない，あるいは各行政機関による政策評価だけでは十分に達成でき得ない評価を効果的かつ効率的に行う観点から，次のような評価活動を実施する.
　イ 政策評価の客観的かつ厳格な実施を担保するための評価活動
　　政策評価の客観的かつ厳格な実施を担保するための評価について，次により，重点的かつ計画的に一連の評価活動に取り組む.
　　1） 各行政機関が実施した政策評価について，その実施手続等の評価の実施形式において確保されるべき客観性・厳格性の達成水準等に関する審査
　　2） 各行政機関が実施した政策評価のうち改めて政策評価が行われるべきもの又は社会経済情勢の変化等に的確に対応するために政策評価が行われるべきものに関する評価の実施の必要性の認定（必要性の認定に関し，委員会の調査審議を踏まえるものとし，この場合において，委員会は，改めて評価を行うことの必要性等について，関係行政機関から説明及び意見の聴取を行う機会を設けるものとする.）
　　3） 上記2）の結果に基づき政策評価を実施すべき旨を通知した場合において当該行政機関にゆだねていては評価の客観的かつ厳格な実施が確保されないと認めるときに実施すべき評価（当該評価の実施に関し，委員会の調査審議を踏まえるものとし，この場合において，委員会は，評価の客観的かつ厳格な実施が確保されないと認める状況について，関係行政機関から説明及び意見の聴取を行う機会を設けるものとする.）
　　4） 行政機関からの要請があった場合において当該行政機関と共同して評価を行う必要があると認めるときに実施する評価

表7‐4　政策評価法第10条第1項第一号〜第七号

一　政策評価の対象とした政策
二　政策評価を担当した部局又は機関及びこれを実施した時期
三　政策評価の観点
四　政策効果の把握の手法及びその結果
五　学識経験を有する者の知見の活用に関する事項
六　政策評価を行う過程において使用した資料その他の情報に関する事項
七　政策評価の結果

るいは「内容」において客観的に行われているかという，2つのレイヤーをチェックするものとされた．このうち「手続き」に属するものには，制度運用の議論と照らし合わせて広義と狭義とに整理可能である．まず広義としては，政策評価法第6条に基づく基本計画，同第7条に基づく実施計画，同第9条および同施行令に基づく事前評価，そして同第10条に基づく評価書の作成や同第11条に基づくフォローアップである．また狭義には，第10条の各号に基づく評価書の記載事項の内容が審査の対象となる（表7‐4）．

他方，政策評価の「内容」に属するものとは何か．そこにも広義と狭義の2つがある．広義としては，政策評価法の理念として第1条，第3条および第4条で述べられているような抽象的な制度理念にかかる論点がある．また，狭義としては，同第10条第1項第三号および第四号でいわれる評価の観点に基づく政策効果の把握の客観性にかかる論点がある．

つぎに，客観性担保評価を総務省は具体的な実務としてどのように行っていたのだろうか．政策評価制度の発足直後の状況としてこれを描き出してみよう.¹⁾

┼ 2．客観性の評価

（1）客観性担保評価の具体像

客観性担保評価は「政策評価に関する基本方針」において以下の4種類の具体的活動として設定されていた（表7‐3）.

表7‒5　評価専担組織としての評価の概要（制度発足当初）

	評価の分類		
	自己評価		所掌する任務の的確な達成の見地より「自ら評価」を行うもの
総務省の行う政策評価活動	評価専担組織としての評価	統一性確保評価	政府全体の統一性の視点
			検査検定制度（16.4.），政府系金融機関による公的資金の供給（15.6.）
		総合性確保評価	政府全体の総合性を推進する視点
			経済協力（16.4.），障害者の就業等（15.4.），リゾート地域の開発・整備（15.4.），容器包装リサイクルの促進（15.1.），地域輸入の促進（15.1.）
		客観性担保評価	各行政機関の客観的かつ厳格な政策評価実施の視点
	制度推進業務等		とりまとめ・公表，国会報告，広報，調査研究，統一研修等

客観性担保評価欄の右側：

① 審査活動	個別審査：15年度～
	総括審査：14年度～
② 認定活動	総務省＋政独委
③ 再評価	総務省による評価
④ 共同評価	総務省＋各府省

出典：筆者作成.

　第1に各府省が実施した政策評価に対する審査（以下「審査活動」という）である．これは，「各行政機関が実施した政策評価について，その実施手続等の評価の実施形式において確保されるべき客観性・厳格性の達成水準等に関する審査」とされている．

　第2に再評価等の実施の必要性の認定活動（以下「認定活動」という）である．これは，「各行政機関が実施した政策評価のうち改めて政策評価が行われるべきもの又は社会経済情勢の変化等に的確に対応するために政策評価が行われるべきものに関する評価の実施の必要性の認定」を行うものとされている．

　第3に客観的かつ厳格な実施を担保するための評価（以下「再評価」という）である．これは，「当該行政機関にゆだねていては評価の客観的かつ厳格な実施が確保されないと認めるときに実施すべき評価」であり，これまで述べてきたような広義の客観性担保評価ではなく，総務省自身が評価に乗り出す，狭義の客観性担保評価活動である．

　第4に各府省との「共同評価」である．これは，「行政機関からの要請があ

った場合において当該行政機関と共同して評価を行う必要があると認めるときに実施する評価」とされている.

　①「審査活動」，②「認定活動」，③「再評価」，④「共同評価」の4つの活動のうち，2005年5月現在では，①の審査活動のみが行われていた．この当時は，各府省の政策評価が出揃ったばかりであり，総務省の客観性担保評価は活動を開始したばかりであった．²⁾ 以下ではさらに具体的に，制度発足当初の審査活動の中身に立ち入って検討しよう.

（2）「審査活動」

　まず客観性担保評価のうち基礎となる① 審査活動についてだが，ここには「個別審査」と「総括審査」の2種類の活動があった．「個別審査」とは，府省毎の個別の自己評価（その多くはそれぞれの政策を所管する各府省の各課室が行っている評価活動）について，① 評価の枠組み（計画・設計）に係る手順等の網羅性・充足性に関する項目，② 評価に使用したデータ・資料等の信頼性に関する項目，③ 評価結果とその根拠（説明）の整合性に関する項目を基本として，主に手続面での点検を行うものとされていた.³⁾

　他方，「総括審査」は，より大枠の「評価方式」（日本版評価類型）を軸とし，政策評価制度の全体に及ぶ課題等を明らかにしようとするものであった．なお，総括審査には個別審査で除外されていた事前評価が義務づけられている研究開発，公共事業，政府開発援助の3分野も含まれ，いかに評価の質を向上させていくのかについての提言等が盛り込まれていた.

　この総括審査は年次報告ともよべるものであり，総括審査をフォローしていくことで政策評価制度をめぐる実施状況と問題状況とを把握することができるという活動であった．制度発足直後の状況としていえば，総括審査は2002年度の審査（2003年7月11日）を初回とし，2004年3月15日に第2回目（平成15年度分），2005年3月18日に第3回目（平成16年度分）の報告書が出されていた．これらの行政文書は量的に膨大なものであった.

（3）「認定活動」⁴⁾

　つづいて② 認定活動は，総務省が行う「再評価」の前段をなす評価活動であるとされていたものである．なお，制度の趣旨としては，「総務省が直接に各行政機関の政策について評価を実施することそれ自体にあるというよりも，むしろ，その規定を効果的に使うことによって，各行政機関による自己評価を当該行政機関における政策のマネジメント・サイクルの中で有効に機能させることを確保させることにあると考えられる．」（行政評価局「『評価実施の必要性の認定』の考え方の整理と今後の取組」2003年8月）とされており，自己評価を補完する評価活動であると位置付けられていた．

　この② 認定活動の考え方や取組方針を明示した上記文書によれば，政策評価法が，各府省が行う政策のすべてを評価対象としていることを前提とし，認定活動の対象について，Ⅰ 事後評価，Ⅱ 事前評価，Ⅲ 評価の質に問題がある場合に行われるものであることが明記されていた．

　第1に事後評価の場合である．同文書ではまず一般論として以下の3点を認定活動の検討要件としていた．

　　ⅰ　効果の発現が不十分であるか又は所定の期間に所期の目標を達成していないという状況が現れているが，

　　ⅱ　見直しや改善についての明確な方針が示されておらず，

　　ⅲ　見直しや改善が行われずに，そのまま存続されている政策

　また，政策評価を実施しているものの「効果があると判定していることについて合理的な理由が説明されない評価や効果が乏しいとしているにもかかわらず合理的な理由が説明されないまま継続することが必要とされている評価」についても検討対象となるとされていた．ここには，中間評価と完了後評価について言及されているところから，とくに「研究開発」「公共事業」「政府開発援助」といった事業評価方式が想定されるところの政策が対象とされていたものと思われる．

　第 2 に事前評価についてである．例えば第 8 章で詳述する政府開発援助の事例では，閣議決定をまって交換公文が締結され事業実施（無償資金協力）や円借款（有償資金協力）実施に至るが，事前評価は閣議請議までのプロセスに平行して実施されている．この場合，事前評価と政策決定の識別は理念的には可能であるものの，現実的には曖昧である．すなわち，事前評価の分析の甘さがあったからといって閣議決定や外交案件を覆したり，再評価を挟んで交換公文の締結を遅らせたりすることは現実的ではない，ということになる．

　こうした点をふまえ，先の文書にはつぎのように述べられていた．第 1 に事前評価が実施されていない場合であるが，これについては 9 条違反（事前評価の義務違反）を指摘することによって義務の履行を促すとされていた．第 2 に事前評価が行われているものの，当該評価結果を反映して政策決定を行うことが適切でない場合には，政策効果の再吟味や政策効果の発現をまって事前評価の再検討を自己評価として促すとされていた．すなわち，評価のために政策決定を延期するようなシステムは構築されていないため，問題点の指摘を中心に認定活動以外の客観性担保評価活動を含めてフォローしようという建て付けとされていた．

　第 3 に評価の質に問題がある場合である．たとえばここで想定されているのは，「古いデータの使用」「間違ったデータの使用」「政策効果の把握方法の誤り」「必要とされる検証の欠落」「評価結果を導き出す分析手法の誤り」などである．これらは，評価実施の際に，情報やその処理に問題がある場合が想定されており，その際には基本的に総務省が修正を働きかけることを通じて改善をはかっていくことが同文書に方針として明記されていた．それでもなお各府省側が問題への対処を怠るような場合には認定活動の対象となるとされていた．

　また評価情報の質が評価法の期待水準を下回る場合には「一律に論じることは難しい」としつつも，認定活動の本旨に触れる論点であることから，具体的評価を素材として，取り組んでいくことが明示されていた．

　この認定活動にかかる文書は政策評価法下において実施されるすべての自己

評価を対象とするものであるが，文書の内容から事業評価方式や義務付け３分野を射程におさめるものとして読むことができる．

　ここでは認定活動が評価の質の向上に資する④再評価の準備作業であり，審査活動と一体となって評価の質の向上のための方法論を議論する舞台であることを押さえておくにとどめたい．

┼ 3．行政責任と評価

（1）評価の論理

　客観性担保評価のうち，①審査活動は政策評価制度発足直後，じつに精力的に取り組まれていた．審査活動は，各府省から寄せられる膨大な専門的資料を読み込み，政策立案機能に有意な評価デザインを提示するという方向を目指すものであった．

　他方，②認定活動については，先の説明から読みとれるとおり，審査活動との連続性が強く，明確な手続上の瑕疵がある場合でありかつ自己評価側の改善が見込まれない場合の措置として考えられるものであった．また最終的に評価の改善に適切な対応がなされない場合には，「再評価」へと踏み込むといった手段も準備されていた．

　客観性担保評価の底流にあったのは政策評価の理念であり，客観性担保評価活動はその制度理念の実現に向かおうとするものであった．すなわち，客観性担保評価とは，政策評価の規律装置として用意され，期待されていたものであった．

（2）政策の論理

　客観性担保評価の経験から引き出せる論点を自己評価との対比で確認しておきたい．主要な論点は以下の２点にまとめられる．

　第1に，「再評価」と「各府省の企画立案」との関係である．政策評価制度

は「政策への反映」を謳い，自己評価を中心とするシステムを構築してきた．とくに国会での委員会審議，閣議での発言，経済財政諮問会議における議論等を媒介として「予算への反映」へのアクセントを強めていた．しかしその前には，自己評価として設定されたがゆえに，政策評価と政策決定との境界が曖昧となっているという問題があった．こうした現実に照らした場合，総務省という「外部」から行われる「再評価」はどういう意味を含むものであったといえるのであろうか．

府省内部においても管理部門が政策推進部局の有する「企画立案」，すなわち政策のサブスタンスに触れることは難しい．このことをふまえたうえで，府省をまたいで府省の内部の「企画立案」に触れるためには何が必要なのだろうか．

このような論点に対しては，政策評価という仕組みが何を目指しており，どのような意義があるのかを十分に理解しておく必要がある．また，個別政策の「プロフェッショナル」たる各府省側からすれば，政策評価は「本業」ではないということで，軽視されがちであるという点にどう向かい合うのかということにも目くばせをしておく必要がある．

この問題を乗り越えるためには，政策決定から独立した政策評価の意義について，よく整理しておかなければならない．ここに政策評価制度の難しさがある．

第2に，客観性担保評価のうち認定活動は，各府省所管の政策に対し総務省が関与するものであるとしても，その手続きは曖昧であった．政策評価制度の本体部分が府省の自己評価にあるとされている以上，その責任は第一義的に所管大臣の責任においてまっとうされるべきものである．この自己評価に対し，評価専担組織として総務省が介入する場合，どこからどこまでが「再評価」の対象となり，いかなる「手続き」によってこれが進行するものであるのか．この点については明示されておく必要があった．(総務省行政評価局「政策評価に関する主な課題について［未定稿］」2004年3月)．

　総務省と各府省との緊張については，そこに「政策のアカウンタビリティ」と「行政のレスポンシビリティ」の２種類の責任があり，それらが時として相克を演じているものと観念することができる．

　まず，客観性担保評価は「政策のアカウンタビリティ」を志向するものである．府省側はこれに対して「行政のレスオポンシビリティ」に従事するものである．府省の政策評価はこれら２種類の行政責任のうち，「政策のアカウンタビリティ」の一部を担う存在である．

　単純化していえば，「政策のアカウンタビリティ」と「行政のレスポンシビリティ」と「政策評価」は完全一致するものと観念してはならない．さらにいえば，これら３つの概念をどの程度の距離があるものと整理するかで議論のあり方は大きく変わってくる．

＋ ４．制度としての客観性

（１）評価の主体

　客観性担保評価にかかる主要な論点についてまとめておこう．

　本章の最大の論点は，個別の政策に責任をもつ各府省側が，「行政のレスポンシビリティ」の次元において政策評価制度を理解しようとしがちであるという点に関係している．忘れてはならないのは，各府省側にあっては政策の推進面での合理性の追及が，政策評価制度の理念・理想としてクロスオーバーしつつ理解されがちであるという点である．

　また，客観性担保評価は，各府省の自己評価を最大限尊重するように設計されている．客観性担保評価は，「政策のアカウンタビリティ」の次元で政策評価制度を理解している．したがって，政策評価の手続きや評価の質の向上（定量評価へ向けた取組や政策効果把握の精度の向上の論点）もこの文脈のなかにおいて，客観性担保評価に入り込んでくることとなるのである．

　客観性担保評価については，各府省の側からみれば，これまでの行政運営を

変更せしめる内容を含むのではないか，各府省に対して，評価に大きなコスト
を支払わせる契機となる可能性を内包しているのではないかという疑念がある．

　各府省の政策評価は課室レベルの自己評価を機軸としており，政策決定と政
策評価との仕分けが困難な状況にある．さらにこの論点については，最終章の
理論的検討を求めることとしよう．

（2）客観性をめぐって

　本章の最後に，客観性担保評価にまつわる基礎概念を整理しておきたい．論
点は，政策評価において必要とされる客観性とは何かである［参照，南島 2005］．

　理念的にいえば，政策評価の結果や手続きは客観的なものでならなければな
らず，ひとり行政機関の独善やお手盛として処理されてよいものではない．客
観性の基本論点は，ひとえにこの「独善性の排除」にある．

　この独善性の排除の仕組みは，制度面から言えば，(A) 各府省において開催
される有識者会議，(B) 総務省に設置された客観性担保評価の仕組み，あるい
は(C) 総務省に設置された審議会（2015年までは「政策評価・独立行政法人評価委員会」．
2015年以降は「政策評価審議会」）によって重層的に担保されるように設計されて
いる．

　これらの重層的なチェック・システムのなかで最初に追求されなければなら
ないのが「形式主義的な客観性」である．評価の技術的な「質」にかかわる議
論はここに含まれる．政策評価における客観性の議論はひとまずこの「形式主
義的な客観性」を中心に展開する．

　この「形式主義的な客観性」の議論は，「政策のアカウンタビリティ」を追
求する際に規範の1つとして作動する．しかし，他方で「形式主義的な客観
性」さえ遵守していればよいのかという論点についてはどう考えるべきか．

　この点については，「形式主義的な客観性」とは別に「専門主義的な客観性」
を識別しなければならない．それは，「行政のレスポンシビリティ」にかかる，
プロフェッションの水準にかかる議論である．ただし，この「行政のレスポン

シビリティ」は行政裁量のなかにあって可視化が難しい．政策評価制度はそれを媒介する位置にある．

　なお，政策評価ではもう1つ，専門の外側からマネジメントの議論に立脚してアプローチする方法が登場している．行政活動もまた組織活動である以上，できるだけすくない資源を可能なかぎりやりくりし，最大の成果を発揮していくことが求められる．このマネジメント志向も，客観性の一種に数えられるだろう．これを「管理主義的な客観性」とよんでおくことにしよう．

　ここでまず指摘しておきたいのは，「客観性」には複数の概念があるといういうことである．理念的には，「形式主義的な客観性」をふまえ，「専門主義的な客観性」を議論し，そのうえで「管理主義的な客観性」を充足することが理想といえるだろう．政策評価制度の仕組みを議論するうえでは，客観性論議はきわめて重要である．それは，政策評価によって産出される情報の方向性を規律していくことにもつながるからである．

　政策評価に内在する複数の指向性を橋渡しし，共通の議論の土俵を形成していくのが「政策評価における客観性」が掲げる究極の理想である．だが現実にはこれらを明確にすることは難しい．なぜなら，現実の行政のなかで，このような異なるモードを理念的に分離するという抽象的操作はしばしば混乱の温床にしかならないからである．

（3）社会環境と客観性

　最後に，客観性の重要な論点として時代の潮流を追加しておきたい．

　右肩下がりの時代・官僚批判の時代には，これまで行政機関において内部管理マターとされてきた事項についても，透明性と客観性とが求められるようになっている．この場合の客観性は，主として「管理主義的な客観性」の様相を帯びる．すなわち，政治的中立性が必要で外部の関与が好ましくない場合でも，あるいは素人が容易に理解することができない専門的な議論であったとしても，いっそうの公明正大な議論を行うことが求められるのである．

　もちろん，一般市民は必ずしも直接的に行政を監視するものではない．多くの場合，国会，報道機関，民間の学識経験者等の知見を通じて，間接的に行政機関を監視するにとどまる．この意味において，行政にかかわる有識者等の社会的活動はますます重要となる．政策評価において，二重，三重の客観性担保の仕掛けが講じられているのはこのことに通じている．そこでは，「専門主義的な客観性」や「形式主義的な客観性」が錯綜することとなる．

　府省の側からいえば，手間暇をかけて政策評価を行い，この結果を公表することで，それに見合った効用を手にできないかという問題意識がある．政策評価のサブスタンスの議論としても，この論点はけっして無視できるものではない．

　本章の関心からいえば，仮に政策評価に固有のサブスタンスがあるとすれば，それは政策のサブスタンスとは別の次元の議論であるはずであるということになる．政策のサブスタンスは「未来」へと視線を向けるものである．これに対し，評価のサブスタンスは「過去」をふまえ「現在」をみつめるものである．評価のサブスタンスに「未来」への期待を寄せるとき，政策評価制度は政策のサブスタンスとの間で競合を起こす．このとき，政策のサブスタンスの視点からいえば，それは「屋上屋を架す」ものと映じてしまうのだろう．

　注
　1）メタ評価（meta-evaluation）とはしばしば「評価の評価」といわれ，国内の評価関係文献等にも随所に登場するのだが，その概念や実務について論及するものは，事例とともにきわめて少ない．概念を理解するものとしてたとえば OECD-DAC の「評価と援助の有効性評価および結果重視マネジメントにおける基本用語集」（外務省訳を参照．原典は 'Evaluation and Aid Effectiveness No. 6-Glossary of Key Terms in Evaluation and Results Based Management'）を参照すると，「この用語は，一連の評価から評価結果を集計することを意図した評価に対して使われる．また，評価の質の判断及び（又は）評価実施者の業績（performances）を査定するための，評価の評価という意味で使われる．」とされている．すなわちすくなくとも ① 評価結果の総括，② 評価の質の判断，③ 評価者の査定という 3 つの意味が含まれるのである．ただし，

　「評価の評価」とはいうものの，「評価」の概念について日本の政策評価の世界では，業績測定（measurement）を意味するのか，費用便益分析を意味するのか，いわゆるプログラム評価（evaluation）を意味するのかが混在している．

2）　総務省は2003年8月の「『評価の実施の必要性の認定』の考え方の整理と今後の取組」と題する文書の参考として，「審査活動と『評価の実施の必要性の認定』の関係について」を発出しており，この中で審査活動は認定活動の前提ではないと明言している．しかし同文書はつづけて「他方では，審査の活動において得られた情報や知見は，評価が行われることの必要性を判断したり，実際に客観性担保評価を実施したりする際にも有益かつ重要なものである．」と双方の評価活動の連続性に触れている．

3）　客観性担保評価の総務省の基本的スタンスを示すものとしては，2002年8月1日行政評価局長決定の，「実施手続等の評価の実施形式において確保されるべき客観性・厳格性の達成水準に関する審査における点検項目の設定についての考え方」を参照した．ここでの項目は同文書からの引用である．

4）　認定活動については，以下を参照した．政策評価・独立行政法人評価委員会政策評価分科会議事録（2003年3月14日，7月25日，9月25日）．議事録には本章で論じた以外の論点も多い．

5）　本資料は政策評価・独立行政法人評価委員会の政策評価分科会において提供されたものである．

第8章　制度運用における離隔

　政策評価の定義は，政策評価の機能をどう捉えるのかという論点と表裏の関係にある．「政策評価とは何か」が拡散するのは，政策評価の機能が多様であるからにほかならない．

　また，政策評価の機能は，政策評価の結果の「反映」が実際にどういう形で論じられているのか，あるいはどういう形で論じられるべきなのかという論点と交錯する．それを明らかにするためには，政策評価の制度運用のリアルな認識が必要である．

　政策評価の結果の「反映」の実態は，事例を通じて具体的に明らかにされなければならない．だが，これまでに行われてきたすべての政策評価を網羅することは不可能である．そこで，本章では，当初，義務付け3分野とよばれていた，「公共事業」「研究開発」「政府開発援助（ODA）」のうち，「政府開発援助（ODA）」にかかる未着手・未了評価[1]を事例としてとりあげ，これを議論の俎上にのせる．

　義務付け3分野のうち「政府開発援助（ODA）」をとりあげる理由は，① 実施機関を抱えていることから情報公開が進んでいること，② 評価方式をめぐるすれ違いや評価の考え方をめぐるディスコミュニケーションが目立つこと，③「反映」をめぐるコントロールの議論が盛んに行われていることなどである．

　本章における分析は政策評価法施行初年度のものを対象としている．それは，第7章で議論した政策評価法発足当時の客観性担保評価と表裏の関係にある．

╋ 1．政策評価とODA事業

「政府開発援助（ODA）」は，政策評価制度において，「義務付け評価」の1つに数えられているものであり，評価の取り組みが早くから行われていた（表8‒1）．

なぜ，ODA事業に対する政策評価が必要であるのかについては，手法研の『政策評価の在り方に関する最終報告』（2000年12月）の「Ⅱ　政策評価の標準的な導入方式及び実施の在り方」のうち，「1　事業評価の導入及び実施の在り方」にまとめられている．

まず，ODA事業に対する政策評価として想定されているのは「事業評価方式」である．手法研において「事業評価方式」は，「事業等には国民生活や社会経済に与える影響が大きいもの，多額の財政支出を伴うものがある．このような事業等については，いったん開始してから見直しを行ったのでは，著しく効果を損ない，あるいは非効率になる場合もあるため，事業等の採択の段階で不要・不急のものを排除したり，想定される選択肢の中から国民にとって真に必要なものに限定する，あるいは効率的で質の高いものを優先することなどにより，行政資源の非効率・不適切な配分を未然に回避することが求められる．」とされていた．また，同報告書では，ODA事業に対する政策評価は，1998年11月27日の対外経済協力関係閣僚会議幹事会申合わせの「ODAの透明性・効率性の向上について」（以下「申合せ」という）によるものとされていた．

「申合せ」においては，ODAにはこれまで開発途上国の経済開発に貢献してきたこと，および貧困の撲滅や生活水準の向上に成果をあげてきたことをふまえ，様々な国際問題をまえに，途上国支援の必要性がますます高まっていながら，日本経済が低迷し厳しい財政状況にあることにかんがみ，国民の支持と理解を得ていくために，①透明性の向上と②援助の効率性を高めていくことが緊要であるとされていた．①透明性の方策としては，評価システム等の充

実，情報公開の促進が，② 援助の効率性を高めていくためには，事前評価や各種評価の充実やプロジェクトのフォローアップの強化が必要である旨が述べられていた．

この「申合せ」をふまえ，政策評価法の制定過程において ODA 事業に関する評価が政策評価制度に組み込まれることとなった．また，通常の府省の「自己評価」にくわえ，「事前評価」「未着手・未了評価」についても，政策評価法のもとでの評価活動が開始されることとなった[2]．その意図するところは，事前から事後までの一貫したモニタリングの仕組みを構築すること，および ODA の内部に評価システムをビルドインすることであった．

「申合せ」の大枠をまとめておくと，同文書は，① 透明性の向上，② 援助の効率性を高めていくことを重視し，主として透明性の向上との絡みで評価システムの充実を論じていた．これに対し，ODA 事業に対して，政策評価制度で求められていたのは「事業評価方式」の適用であった．それは必ずしも同じ方向を向く議論ではなかった．

「未着手・未了評価」とは，すでに紹介したように，政策評価法第7条第2号第2項イ号及びロ号の規程に基づいて実施される政策評価のことである．政策評価法第7条の条文は，各省の政策評価にかかる実施計画のなかに未着手・未了評価を規定することを求めている．政策評価制度の発足当初においては，同規定に基づき，外務省の所掌する ODA 事業のうち「5年未着手」「10年未了」に該当する ODA 事業が政策評価法下の未着手・未了評価とされていた．

政策評価制度の設計時点では，「未着手・未了評価」は，3つの評価方式のうち「事業評価方式」であることが想定されていた．しかし，2003年段階での外務省の実施計画における「未着手・未了評価」の記述は，「事業評価方式」ではなく，「総合評価方式」によるものとされていた［外務省 2003a；2003b］．これはなぜなのか．

表 8‒1　ODA 評価活動の経緯

	外務省	JICA	JBIC
1975			事後評価活動開始
1981	経済協力局内に「経済協力評価委員会」設置，事後評価開始	「評価検討委員会」を設置	事後評価専門部署を設置
1982	「経済協力評価報告書」の表開始	事後評価活動開始	
1984	経済協力局内に「調査計画課」を設置		
1986	「援助評価検討部会」設置		
1988		評価専門部署を設置	
1990	調査計画課を改組し，「評価室」設置		
1992	ODA 大綱策定		
1993			開発援助研究所設立同研究所内に「評価グループ」を設置
1995	「事業評価報告書」表開始		
1999	ODA 中期政策策定		
1999			OECF からの組織改編にともない，プロジェクト開発部開発事業評価室を設置
2000	「『ODA 評価体制』の改善に関する報告書」を外務大臣に提出	組織改編にともない，企画・評価部評価監理室に名称変更	
2001	「ODA 評価フィードバック内部連絡会議」設置	事前評価活動開始	事前評価活動開始
	「ODA 評価研究会報告書」を外務大臣に提出		
	「行政機関が行う政策の評価に関する法律」成立（2002年施行）		
	「外部有識者評価フィードバック委員会」設置		
2002	評価体制の改善に関するタスクフォース設置		「円借款事後評価フィードバック委員会」設置
	「ODA 改革・15の具体策」発表		
	政策評価基本計画・実施計画の策定		
	外務省改革「行動計画」発表		
2003	大臣官房に考査・政策評価官室設置，外務省全体の政策評価を所管	事前・事業評価報告書公表	事前・事業評価報告書公表
	平成14年外務省政策評価書公表，事前評価書公表		一部は未着手・未了評価として政策評価にも反映
	経済協力局調査・計画課評価室の廃止，評価班として同課に編入		
	平成15年度実施計画策定		
	外務省独立行政法人評価委員会発足（中期目標・計画，業務方法書の策定）	独立行政法人国際協力機構設置（JICA，10月）	

出典：外務省経済協力局［2002：9］を一部改変.

（1）公共事業評価と ODA

「事業評価方式」は第 5 章で紹介した北海道の「時のアセスメント」を参考事例として組み立てられていたものであった．

北海道の事例については手法研第 5 回会合において石川北海道総合企画部政策室政策評価課長からのヒアリングが行われていた．手法研では，「時のアセスメント」の説明として「担当セクションではなかなか見直しが進まなかった 10 年以上停滞している事業や今後長期に停滞する見込みのある事業に時間というものさしを当て，該当する事業を機械的にリストアップして見直し作業に入るシステム」と紹介されていた．この説明は，事業評価方式で行われる評価のうち，「事前評価」ではなく「途中評価」ないし「再評価」を示唆していたのであった．

政策評価制度が導入される以前に，北海道の「時のアセスメント」を参考に組み立てられたものとして，国の公共事業再評価があった．国の公共事業再評価は手法研においては集中的にとりあげられていたわけではないが，「事業評価方式」の背景にあるものであるため，ここで触れておきたい．

公共事業再評価の端緒は，1997 年 12 月の，「物流効率化による経済構造改革特別枠に関する関係閣僚会合」における橋本総理の発言にあった．このときの総理発言の骨子は「事業実施段階において，事業採択後一定期間経過後で未着工の事業や長期にわたる事業等を対象に再評価を行い，その結果に基づき必要な見直しを行うほか，継続が適当と認められない場合は休止又は中止とする新たな『再評価システム』を公共事業全体に導入する」「事業採択段階における費用対効果分析の活用については，基本的に全事業においてこれを実施する」というものであった．

この総理発言を受けて導入されたのが，1998 年度から施行された，「新規事業採択時評価」および「再評価」であった．「新規事業採択時評価」は原則としてすべての事業について実施されるものであり，「再評価」は事業採択後 5 年経過して未着工，あるいは 10 年経過して継続中（未了）の事業を対象とする

というものであった．この枠組みはそのまま政策評価法へと持ち越され，その適用範囲を拡大することとなった³⁾．

　他方，手法研における事業評価方式の整理の際には，ODA 事業にかかる評価についても外務省経済協力局評価室首席事務官（課長補佐級）に対するヒアリングが実施されていた．外務省は手法研の終盤に近い第11回の研究会において，経済協力局の行う ODA 評価の概要の説明を行っていた（手法研第11回議事録）．ただ，次回研究会となる手法研第12回研究会においては事業評価にかかる評価手法の最終的な調整が行われている．また，ヒアリング実施側の手法研のメンバーには，ODA にかかる外交・経済協力・国際関係分野の専門家は含まれていなかった．手法研は2001年１月に公表される「政策評価に関する標準的ガイドライン」に吸収された評価手法の整理に特化したものであり，参集した専門家は評価にかかる第一線の研究者ばかりであった．

（2）未着手・未了評価の制度枠組み

　最終的に，政策評価法第７条においては，公共事業にかかる再評価システムを想定した文言が書き込まれることとなった．第７条の評価対象については，手法研の最終報告で触れられたとおり，国内公共事業に加えて ODA にかかる案件も含まれることとなった．

　手法研の最終報告では前出の「申合せ」をふまえ，「ODA 事業の評価を事業評価の枠組みに整合的に位置付けるにあたっては，これまで事後の時点での評価にくわえて，事前の時点での評価や途中の時点での検証の仕組みを構築し，事前から事後の時点までの一貫した評価の確立をはかっていくことが求められる」とした〔政策評価の手法等に関する研究会 2000：Ⅱ１⑸ウ⑴〔「ODA 事業の評価に対する考え方」〕〕．このときのちの基本方針や標準的ガイドラインにおいて事業評価方式とされる類型のなかに，整合的に ODA 事業にかかる評価を位置付けることが明示されていた．

　2001年６月に制定された政策評価法では，政策決定から５年経過して「当該

政策がその実現を目指した効果の発揮のために不可欠な諸活動が行われていない」事業等，すなわち「未着手」とよばれる事業案件等および，10年経過して「当該政策がその実現を目指した効果が発揮されていない」事業等，すなわち「未了」とよばれる案件等を事後評価の実施計画に含めることが義務付けられた．これが「未着手・未了評価」である．

「未着手・未了評価」の法制化は，その特徴からわかるように，公共事業再評価システムの制度化とその適用範囲の拡大をうかがおうとするものであった．このとき，国内公共事業評価と国際的な公共事業であるODA事業にかかる評価との区別は念頭におかれていなかったようである．端的にいえば，手法研ではODAによって建設される道路やダムについては，国内公共事業と同じ枠組みでの評価が可能であると理解されていたのではないか．

他方，外務省側が策定した実施計画においてもこの路線に対する明確な反駁はみられなかった．公表されている公文書のなかではわずかに，先の第11回手法研における外務省事務官が，「ODA評価の枠組みにおける政策評価と外務省全体の中での政策評価とは別のものではないかと考える」と回答していたのみであった．

いずれにしろ外務省では政策評価法第7条の規程に基づく最初の事後評価実施計画において，未着手案件として「政策決定（交換公文締結）後5年を経過した段階で，当該案件がその実現を目指した効果の発揮のために不可欠な諸活動が行われていない（借款契約が締結されていない，あるいは，借款契約は締結されているがディスバースがなされていない）有償資金協力」を20案件と，政策決定「交換公文締結」後10年を経過した段階で，当該案件がその実現を目指した効果が発揮されていない（ディスバースが完了していない）有償資金協力を24案件が組み込まれることとなった．そしてこのことによって外務省は未着手・未了評価の枠組みにおいて他府省と横並びで法的義務を履行する立場に立つこととなったのである．

ここで確認しておきたいのは，ODA事業にかかる「未着手・未了評価」そ

れ自体は，もちろん政策の透明化の要請に照らせば，実施される価値があるものであるということである．しかしながら，「事業評価方式」の枠組みにこれが組み込まれることが果たして適当だったのかという点がここでの論点となるのである．

╋ 2．未着手・未了評価の各省比較

　「未着手・未了評価」の制度枠組みとともに重要なのが，これらの評価活動が具体的に，そして実際にどのような運用状況にあるのかである．政策評価実施初年度において，「未着手・未了評価」を実施していたのは農林水産省，経済産業省，国土交通省と外務省であった．これらの初年度の政策評価白書（『政策等の実施状況及びこれらの結果の政策への反映状況に関する報告』）に基づき，その運用状況についての概要を確認しておこう（表8‐2，8‐3）．

（1）農水省と国交省の例
　まずもっとも典型的に事業評価方式を履行することができる農林水産省と国土交通省の事例についてみておこう．
　農林水産省の行っていた「未着手・未了評価」のポイントは以下の5点であった．第1に農林水産省の評価案件には未着手評価は含まれていなかった．第2に農林水産省の未了評価は，「事業評価」の「期中評価」として実施されていた．第3に農林水産省の未了評価は，「事業採択後5年ごとを経過した時点で未了である公共事業の実施地区を対象として事業評価（期中の評価）を実施し」たものであった．第4にその内訳だが，「直轄事業」が7件，「公団事業」が4件，「補助事業」が17件であった．なお，「直轄事業」および「後段事業」は国営の土地改良事業および直轄治山事業等にかかるものであり，「補助事業」は農業農村整備事業にかかる事業であった．第5にこれらの評価の結果は，それぞれの地区毎に見直しをかけ，事業継続か，地区の計画を変更するか，ある

表 8 - 2　2003年度公表の未着手・未了の政策に対する評価

行政機関名	法第 7 条第 2 項第 2 号にかかるものの実施計画における規定状況	
	未着手（第 2 号イ）	未了（第 2 号ロ）
外 務 省	政府開発援助の評価：20件	政府開発援助の評価：21件
農林水産省	―	個別公共事業の評価：56件
経済産業省	―	個別公共事業の評価：2 事業
国土交通省	個別公共事業の評価：37事業	個別公共事業の評価：673件

出典：総務省［2003：8］.

表 8 - 3　2003年公表の各行政機関の政策評価結果の2004年度予算要求への反映状況

行政機関名	予算要求へ反映した件数	反映状況
外 務 省	41件	継続：35件
農林水産省	106件	継続：95件，改善・見直し：11件
経済産業省	2 件	継続：2 件
国土交通省	42件	継続：38件，廃休中止：4 件

出典：総務省「政策評価結果の平成16年度予算要求等への反映状況」（2003年 9 月）.

いは地区単位の事業を休止するという判定を行うという形式でパターン化され，一覧性が担保されていた．このうち「期中評価」とは，事業評価のモニタリング的運用をしめす言葉であった．

　つぎに国土交通省だが，同じようにポイントと特徴を整理すると以下の 5 点となる．第 1 に国土交通省は，未着手（未着工事業についての再評価）の35事業，未了（継続事業についての再評価）の735事業について評価を実施していた．第 2 に国土交通省の「未着手・未了評価」は，先述の「公共事業再評価」を踏襲するものであった．第 3 に国土交通省の「未着手・未了評価」は，「平成15年度予算に向け，事業採択後 5 年間が経過した時点で未着工の事業および事業採択後10年間が経過した時点で継続中の個別公共事業等について再評価を実施し，その結果を2003年 4 月 1 日に『個別公共事業評価書：平成14年度』として公表（15年 3 月27日省議決定）していた．なお，このうち個別箇所で予算内示される事

業にかかるものについては，2002年8月28日に『平成15年度予算概算要求に係る個別公共事業評価書』として公表」していた．第4にいずれの評価も「直轄事業」「公団事業」「補助事業」を対象としていた．第5に国土交通省の「未着手・未了評価」は，① 公共事業再評価として，未着手評価と未了評価とを連続的に捉えるものであること，② 再評価の目的が予算概算要求への反映であること，③ 再評価の結果を省議に付していること（事業の継続の可否についての省内の実質的な意思決定を行っており，これと評価が不可分の関係にあること）を特徴としていた．

　これら2省の「未着手・未了評価」において指摘しておくべきことは，これらが「事業評価方式」の枠組みに合致した典型例であるという点である．他方，つぎの経済産業省の事例は「事業評価方式」の枠組みからはずれている．経済産業省は基本計画において，「政策評価に関する標準的ガイドライン」における3つの評価方式とは「別の評価方式」を採用するものであることを明言しており，この独自の枠組みによって政策評価法に基づく評価活動を運用することとしていた．

（2）経済産業省の事例

　経済産業省における「未着手・未了評価」は，独自の評価方式によって行われていた．ごく簡単にいうならば，経済産業省は「政策評価に関する基本方針」の別紙で整理されている評価類型からはずれ，「事前評価」と「事後評価」の2類型による独自の評価を実施していた．また，当時の経済産業省の評価は評価シート形式ではなくレポート形式によっており，上記の2省とはその内容を異にしていた．まずは概略からみておきたい．ポイントは以下の4点である．

　第1に経済産業省には未着手評価はなかった．第2に経済産業省の未了評価の対象は，ODAにかかる2案件（資金協力案件形成施策および海外協力センター事業）であった．第3に経済産業省の未了評価は，いわゆる広義のモニタリングといえるものであった．第4に経済産業省がこれらの評価結果として公表して

表8-4　経済産業省の未了評価

資金協力案件形成事業	146件実施したF/Sのうち，これまでに36件が円借款要請等の案件具体化につながるなど，これまでの施策の効果を検証した．	案件の採択基準の見直しなどに反映．
海外協力センター事業	過去30年間の事業継続により，約30万人弱にも及ぶタイ人の人材育成に貢献していることを施策実績として確認	今後は，中小企業の技術者・管理者の育成に対象を絞るなどの見直しを行った．

出典：総務省［2003：317］．

いるのは**表8-4**のとおりであった．

　ここで注意しておきたいのはこれらが先の2省のような「事業評価方式」ではなかったという点である．すなわち当該評価は「事業評価方式」の特性たる「行政活動の採否，選択等に資する情報」の収集ではないタイプの評価を行っていた．これらの評価結果をよくみると「採択基準の見直し」（資金協力案件形成事業）であるとか「中小企業育成への特定化」や「アセアンにおける技術協力のモデル事業」（海外協力センター事業）の改善方策が提示されており，事業評価方式の基本型からすれば，迂遠な改善策を結論として提示するものとなっていた．

　何の用意もなくこれらの評価結果を「事業評価方式」による情報としてよむならばいささか戸惑いがあるはずである．すなわち，「事業評価方式」では事業の採否にかかる意思決定との関係が明瞭であるが，経産省の未了評価では，これが不明瞭なのである．経産省の評価結果は，直接的な事業の採否にかかる議論ではなく，その採否の背後にある「基準」をどのように設定するかという論点をめぐるものとして提示されていた．すなわち，当該評価は，国土交通省や農林水産省のような「直轄事業」「公団事業」「補助事業」の採否をめぐる議論とはそもそもの枠組みが異なるものであり，その意味ではこれから述べる外務省の議論とも共通するところがあるものであった．

　経済産業省の事例から出てくる論点は，事業採否にかからない「事業評価方式」の枠組みにかかるものを，どのように考えるべきであるのかという点であ

表8‐5　各府省における未着手・未了評価一覧

	農林水産省 国土交通省	経済産業省	外　務　省
評価方式	事業評価方式	別の方式*	総合評価方式
施策主体	直轄事業（国） 公団事業，補助事業	国際協力事業	有償資金協力 （円借款）
評価の結果	継続か否かの判定	方針の判定	JBIC の評価の監査
評価結果の活用状況	予算要求に反映	―	JBIC に対する指示

注：＊：経産省は標準評価類型を採用していない．なお，国交省も独自の類型を設けているがここでは事
　　業評価と整理した．
出典：筆者作成．

表8‐6　政府系金融機関と政策評価

政府系金融機関名	評価項目の有無	概　　要
日本銀行	有	財務省（149頁），日銀業務運営の合理化
国際協力銀行(1)	有	財務省（152頁），国際協力銀行の国際協力への取組
国際協力銀行(2)	有	外務省（136〜137頁），ODA に係る未着手・未了案件
国民生活金融公庫	無	財務省（145頁），民間補完性のある金融機関
住宅金融公庫	無	国交省
商工組合金融公庫	無	経産省
奄美群島振興開発基金	無	国交省
中小企業金融公庫	無	経産省
日本政策投資銀行	無	財務省（145頁），民間補完性のある金融機関
公営企業金融公庫	無	総務省
沖縄振興開発金融公庫	無	内閣府
農林漁業金融公庫	無	農水省
産業基盤整備基金	無	経産省

注：頁数は総務省『政策等の実施状況及びこれらの結果の政策への反映状況に関する報告』（2003年6月）によ
　　る．
出典：所管府省別特殊法人一覧（2001年1月6日）．

った．そうした意味では，「事業評価方式」にかかる評価の精緻化・純化が課
題となるのかもしれない．この論点に留意しつつ，外務省の「未着手・未了評
価」に接近してみよう．

（3）外務省における事例

　外務省の「未着手・未了評価」は他省の「未着手・未了評価」とはいくつか異なる特徴がある．これを整理したのが表8‐5である．また外務省の「未着手・未了評価」の対象となっているのは有償資金協力事業であるが，有償資金協力は，いわゆる金融業務である．なお，この当時において政策評価において金融系の業務にかかる評価活動を行っていた府省との比較は表8‐6のとおりである．

　外務省における「未着手・未了評価」は，経済産業省と同じODA事業の議論でありながらも，経済産業省の場合とは異なり，個別案件の採否を問題としようとするものであった．しかし，事業採否にかかる情報を当該評価によって産出しているのかというと，以下に述べるとおり，必ずしもそうとは言い切れるものではなかった．

＋ 3．外務省の未着手・未了評価の特異性

　ここまで「未着手・未了評価」が，基本的には国内公共事業を対象とした「事業評価方式」の枠組みにおいて行われることが想定されているものであることを確認してきた．そしてその例外として，経済産業省と外務省の事例に触れた．以下，公共事業評価のさらなる例外となる外務省における「未着手・未了評価」について検討を試みよう．

（1）外務省における未着手・未了評価の位置付け

　外務省が行う政策評価のうち，ODA事業にかかる「未着手・未了評価」は，2002年度においては有償資金協力のみが該当していた．具体的には外務省が2002年に行った政策評価159件のうち，41件がこれに該当していた．

　政策評価法では，「未着手・未了評価」は事後評価の実施計画（政策評価法第7条）に含めることが義務付けられており，外務省は実施計画にこれを記載し，

表 8 - 7　外務省における2002年度評価書の概要

	一般の事後評価	有償資金協力	無償資金協力
事後評価	中期施策（国・地域）の評価 重点施策（分野）の評価 政府開発援助政策に係る評価	未着手評価 （政策評価法7-2-2-イ） 未　了評価 （政策評価法7-2-2-ロ）	
事前評価		150億円以上	50億円以上

出典：筆者作成.

事後評価としてこれを実施していた．当時の外務省における政策評価の全体像は表8-7のとおりである．

　だが，外務省における「未着手・未了評価」の評価結果をみると，「継続」「貸付中止」「交換公文取消済」とある．これは，国内公共事業系の事業の採否にかかる評価結果とは異なる結論のパターンである．すなわち外務省における「未着手・未了評価」は，「事業評価方式」が想定しているような形での事業の選択にかかる情報提供機能を果たしているのかどうか疑問が残るというわけである．また外務省における「未着手・未了評価」は，「事業評価方式」ではなく，「総合評価方式」によるものであることが実施計画上に明記されていた．これはどういうことなのであろうか．

（2）有償資金協力実施のメカニズムと基本構造

　この点を理解するためには，外務省における「未着手・未了評価」が想定している「有償資金協力」がそもそもどのようなものであるかについて理解しておかなければならない．

　第1に，「有償資金協力」は日本のODA（official development assistance）の一環をなすものであった．ODAとは経済協力にかかるマネー・フローの議論であり，OOF（other official flows），PF（private flows），非営利団体による贈与（grants by private voluntary agencies）と並ぶものの1つとされていたものである．

　ODAの定義は，「公的な資金の流れのうち，商業ベースのものに比べて一

定の基準以上に途上国にとって有利な条件のものを示す」ものであり［西垣・
下村・辻 2003：113］，その要件は以下の3項目であるとされていた．第1に，
政府や政府機関が行うものであること，第2に，途上国の経済開発や福祉の向
上を主な目的としているものであること，第3に，途上国側に過大な返済負担
を生じさせない条件で，具体的には譲許性指標（grant element）が25%以上の
ものであることである．論点となっている「有償資金協力」は，主に二国間関
係のもとで行われるマネーフローのうち，政府貸付・円借款にかかるものなの
である．

　第2に，「有償資金協力」は，この当時，外務省，財務省および経済産業省
のいわゆる「三省体制」を中心として行われており，借款契約にかかる供与方
針はこれらをふまえ，閣議に諮られ，政府としての決定となるという手続きを
踏むこととされていた．外務省は個別案件の閣議請議までのプロセスにかかわ
るが，その後の実際の円借款業務については，この当時，実施機関たる JBIC
(国際協力銀行) が借款契約業務を含め，これを執行することとされていた．

　「有償資金協力」案件の評価にかかる特徴については国内公共事業との対比
で考えるとその仕組み・制度上の違いがより鮮明となる．ポイントは5点であ
る．

　第1に，評価プロセスにかかる論点がある．国内公共事業の場合，予算要求
を行う所管省にその権限もあるが，有償資金協力の場合，三省体制を主軸とし
ており，そもそも政府内で権限が分散している．したがって個々の案件につい
て外務省の決定だけがすべてなのではない．さらにくわえて後述のとおり，こ
の当時は JBIC がこれを媒介していた．すなわちこのときの外務省における
「未着手・未了評価」は，政府としての外交上の政策決定のごく限られた範
囲・側面にかぎられていた．

　なお個々の案件について，事業要請から事業の完成までのプロセスを念頭に
おいた各論をふまえれば，さらにいくつかの特徴がうかびあがってくる．概括
的にいえば「有償資金協力」のプロセスは，⑴途上国の要請の段階，⑵日本政

府の決定の段階，⑶途上国における工事着工の段階の３つの段階で構成される．
このとき JBIC は⑴と⑶の部分に関与し，日本政府は⑵の部分に関与する．こ
の⑵の部分はさらに，⒜省庁間協議の段階，⒝閣議の段階，⒞交換公文締結の
段階に分かれる．したがってこの当時の外務省は，「未着手・未了評価」を行
っているにもかかわらず，ごくかぎられた部分にしか関与していなかった．

　第２に，そもそも「有償資金協力」は途上国側の政策体系に位置付けられる
べきものであるという論点がある．「有償資金協力」は金融事業であると述べ
た．そうであるとするならば，政策のサブスタンスの本体部分は，第一義的に
金銭貸借を申し出る被援助国の側にあるということになる．

　そもそもこの当時の日本の ODA は，被援助国からの「要請主義」に基づく，
被援助国自身の「自助努力」「オーナーシップ」を重視するものであって，被
援助国を中心とする政策体系を基軸とした経済協力として実施されていたもの
であった．このことはもちろん「有償資金協力」にも該当し，被援助国の側か
らいえばあくまでもスタート・ラインは在外公館を通じて行われる「要請」で
あった．さらに，その内容が金融事業であることからいえば，その他の種類の
ODA，すなわち無償資金協力や技術協力に比べてもさらに被援助国自身の責
任は重いものとなる．要するに，「有償資金協力」の個々のプロジェクトの継
続，改善・見直し，廃止・中休止の判断は，やはり第一義的には被援助国自身
の責任の比重が重いものであるということができる．

　第３にそもそも経済協力の個々の案件自体が直接的に外交問題にかかるもの
であるという論点がある．例えばこの当時の政府開発援助大綱（2003年８月29日
閣議決定）では，「国際連合憲章の諸原則（とくに，主権，平等，内政不干渉）およ
び以下の諸点をふまえ，開発途上国の援助需要，経済社会状況，二国間関係な
どを総合的に判断のうえ，ODA を実施するものとする．」と定められていた．
具体的には以下の４原則がその内容であった．

　　⑴環境と開発を両立させる．⑵軍事的用途及び国際紛争助長への使用を回

避する．⑶テロや大量破壊兵器の拡散を防止するなど国際平和と安定を維持・強化するとともに，開発途上国はその国内資源を自国の経済社会開発のために適正かつ優先的に配分すべきであるとの観点から，開発途上国の軍事支出，大量破壊兵器・ミサイルの開発・製造，武器の輸出入などの動向に十分注意を払う．⑷開発途上国における民主化の促進，市場経済導入の努力並びに基本的人権及び自由の保障状況に十分注意を払う．

　論点を鮮明にするために具体例をあげておこう．例えばこの当時には，ミャンマーに対する ODA が注目されていた．ミャンマーは1988年軍事クーデターを起こしたが，これを境に日本政府は有償・無償にかかる ODA を凍結した．1994年にはアウン・サン・スーチー女史との直接対話をきっかとして ODA 凍結を解除し，約10億円の食糧増産のための無償資金協力を行った．その後，1995年には中断していた各円借事業も再開し，「原則停止から条件付き解禁へ」と報じられた．このとき第一弾となったのはヤンゴン市内の配電網改善事業であった．ところが2003年，ミャンマー北部での NLD と住民との衝突が発生し，以後，スーチー女史の身柄が再拘束され，NLD 本部も当局によって閉鎖された．これに対し日本政府は，スーチー女史の即時解放，NLD の政治活動の回復，国際社会への説明を求め，同時に新規経済協力案件の停止をミャンマー政府側に伝えたのである．

　上述の説明から明らかなとおり，有償資金協力も含めた経済協力は，外交のツールとしての一面をもっている．それは前掲の ODA 大綱に掲げられた 4 原則に象徴的に示されており，その意思決定はときに政治的な「決断」となってあらわれる．この政治的な「決断」の議論を，例えば政策評価制度の議論に含めることが適当だろうか，あるいは政治マターであるといって議論に含めないようないかなる措置が可能なのだろうか．この論点については，「行政のレスポンシビリティ」と「政策のアカウンタビリティ」の議論とも深く関係している．

　第5に外務省における「未着手・未了評価」は，政策評価制度の登場によって新たに準備されたものではなく，20年来行われているODA評価の文脈のうえで行われているものであるという論点がある．経済協力にかかるODA評価は［参照．外務省経済協力局評価室 2003a；2003b］，援助の世界での国際的なコンセンサスに基づくものであり，そのバランスのなかで運用されているものであった．外務省はこのODA評価を政策評価と接合しようとしていたが，ODAの世界観と政策評価制度の世界観とは，そもそもどのような関係にあるのかについて十分に自覚的であるわけではなかった．

　そして第5に，くりかえし触れているとおり，「有償資金協力」はそもそも資金の返還を前提とした金融事業であるという論点がある．当時，これを媒介していたのがJBICであったが，資金の返還を前提としていることから，円借事業として，案件そのもののアウトカムについてどの程度のコントロール，フォローアップが必要かという点については議論の余地があった．ただし，その議論の余地は政策評価の枠内のものではない．この点については，単に手続として評価を導入するのではなく，何を明らかとし，何を議論すべきかについて，十分に掘り下げたうえで議論していくべきではないかと思われる．

　外務省における「未着手・未了評価」と国内公共事業評価の相違点はこれで明らかとなっただろう．もう一度，外務省における「未着手・未了評価」が「事業評価方式」とどのくらいの離隔距離があるのかについてまとめておこう．

（3）ODAの未着手・未了評価は事業評価か？

　最後の問いは「外務省の未着手・未了評価はなぜ事業評価方式として行えないのか」である．外務省における「未着手・未了評価」は「事業評価方式」ではなく，「総合評価方式」によって行われているとされていた．それはなぜなのか．

　「事業評価方式」の定義に戻ろう．「事業評価方式」は事業の採否にかかる情報を提供する評価方式である．この「事業の採否にかかる情報」については，

標準的には「継続」「改善・見直し」「廃止・中休止」の判定を行うことを意味している．これに資する情報を客観的なかたちで提供することが，直接的であれ，間接的であれ，事業評価方式には求められている．その具体的な狙いは，無駄な公共事業を削減するために，政策評価を活用すること，とくに費用効果分析によって情報を整理し，事業間の比較可能性を担保して予算の効率的執行につなげていくところにある．

　この「無駄な公共事業の削減」という理解を抜くならば，事業評価方式は無意味なものとなる．手法研で参考事例とされた北海道の事例は，まさにこれを具現するものであった．

　ひるがえって外務省における「未着手・未了評価」の場合はどうか．第1に問われる必要があったのは「未着手・未了評価」を行うことによって無駄な有償資金案件を削減することができるのかという点である．この論点では真っ先に，この「無駄な」という言葉の理解でつまずくことになる．「だれにとって無駄か」という論点からするならば，他国の政策体系に内在して実施されるODA事業では，直接的な日本国民の利益は発現しない．もちろん中長期的な観点からみれば，国際機関での協力の調達や他の二国あるいは他国間関係にて便宜を得ること，あるいは国際社会の信用など金銭価値にかえがたい「信用」の調達が可能となるのかもしれない．さらにいえば，これを「政策効果」として「把握」することは抽象的で難しい．この論点は外交の視点という別の次元の議論となるものである［南島 2018］．

　第2に，政策主体の問題がある．上記のような観点に立つならば，次善の策として，ODAが被援助国の政策体系にあって，途上国住民にいかなるアウトカムをもたらしており，いかなるインパクトを持っているのかを把握することができないか，ということになる．たしかに政策評価活動は社会経済事象をめぐる多様な合理性に限定をかけて全体から切り離してその一部をフィーチャーし，これを分析の俎上にのせようとするものである．しかしODAの議論ではこの合理性を限定する際に，国境・主権をまたいだ政策主体の転移が起こる．

こうしたことを考えていくとき，政策評価制度の世界観とODAの世界観とは論理的に接合しなくなっていくのである．

第3に，当該プロジェクトの主体が被援助国自身であったことを承認するとしても，それが「資金の無駄」をどこまで論じうるものであるかという論点がある．有償資金協力にかかる円借款事業は被援助国に債務支払義務が発生する低利かつ償還期限が長い円借款である．この貸付の原資は，当時の議論でいえば，JBICが日本政府の財政投融資資金から借り入れをするものであった．当時の財政投融資は，金利と償還期限に限界があったので，経済協力としての条件をよくするため，一般会計の資金が一部混入されていた．円借業務が「税金の無駄」を生むものであるのかどうかというのがここでの論点なのであるが，単純に資金面だけの議論を行ったとしても，どの程度の資金が無駄となっているのかについては，償還期限と金利，債権放棄など諸リスクとの複合的な議論を行う必要がある[4]．それは客観的な証拠に基づき論理的に議論しうるような種類の議論ではなかったのである．

第4に，外務省と実施機関との関係がやはりどうしても論点として無視できない．形式的にいえば所管省と実施機関の関係は企画立案と政策実施という役割分担の関係にある．役割が分担されている以上，府省の「自己評価」としての政策評価の射程は無限定なものとはならない．しかし他方でODA評価に要請される透明性の議論もある．もちろんこのODA評価に要請される透明化の要請は政策評価法でも議論されていたものである．結論に飛ぶならば，この透明性の要請に応じるためには，ODA評価の透明性の要請と「事業評価方式」のあり方との関係を精査しなければならない．もっといえば，この議論にはそもそも，外務省が行う政策評価と実施機関との関係についても議論の余地が残されている．なお，外務省ではこのような複雑な論点を回避するため，「未着手・未了評価」を「総合評価方式」に区分していたのかもしれない．あるいはあくまでも「外交」としてみていたのだろうか．

┼ 4．行政機関が行う「政策」

（1）評価類型の交錯

　本章の究極的な課題は，こうした複雑な議論を，政策評価制度の枠組みのなかにいかに位置付けうるのかである．最後にこの点について触れよう．

　そもそも「事業評価方式」「実績評価方式」「総合評価方式」という日本版評価類型は，評価手法に注目し，異種混交ともいわれる複雑・雑多な評価論議を便宜的に整理するものである．しかしこの日本版評価類型は，制度運用局面において，けっして同じウエイトで並列的に用いられるべきものではない．

　例えば「実績評価方式」は，米国連邦政府における GPRA 等の目標管理的な仕組みの導入をはかるものであり，全政府を網羅するためには不可欠，あるいは評価の制度化の中軸に位置付けうるものである．これに対し，「総合評価方式」はプログラム評価をモデルとし，政策評価制度のなかでは例外的に扱われているものである．それはそもそもプログラム評価が，特定のテーマを決め，これを社会科学的手法を用いて分析することを念頭においた，いわばコストと時間のかかる評価方式であるためである．「事業評価方式」については，事前評価についての「義務付け」を行うなど，手厚く整備されているものである．すなわち，事業評価方式は「個別事業」に限定されるものであって，すでに述べたとおり，予算との連動を期しうるものである．

　1980年代の第二次臨時行政調査会以降，いかに行政組織や行政活動を縮減し，いかにスリム化しうるかという課題が引き継がれてきた．行政改革会議の『最終報告』を起源とする政策評価制度でも，直接的な「予算への反映」への言及こそ留保されたものの，[5] 第4条にて「予算の作成」が企画立案の一環としてとりあげられており，同条文がかかる第3条にて「行政機関は，その所掌にかかる政策について，適時に，その政策効果（中略）を把握し，これを基礎として，（中略）自ら評価するとともに，その評価の結果を当該政策に適切に反映させな

ければならない.」と定められていた. その中核に位置していたのが「事業評価方式」であり, とりわけ公共事業官庁における「直轄事業」「補助事業」「公団事業」の見直し, さらにいえば「財政の縮減」にその効果が期待されるものであった.

だが, これまでみてきたとおり, 外務省における「未着手・未了評価」の場合, こうした想定は困難に直面する. とくに「事業評価方式」を, 予算との連動性を高めようと意図するのであれば, ODA 事業の「未着手・未了評価」をその射程に含めてしまうことは, 攪乱要因でしかない. これに固執するのであれば, アカウンタビリティの観点あるいは財政的な説明責任の観点からも適当ではないというべきである.

ここからいえば外務省が, ODA にかかる未着手・未了評価を「総合評価方式」として整理していることは, ある意味妥当であったのかもしれない. それは, ODA そのものが, そもそも国内にあっては先の「申合せ」にみられるように, 予算との連動というよりはむしろ透明性を要求するものであるところからくる帰結であるからである.

（2）有償資金協力の評価

もう一度.「有償資金協力」の評価にかかる論点をまとめておこう.

第1に実際の個別のプロジェクトを展開しているのは被援助国自身である. 個別プロジェクトのレベルは予算の単位に近い議論でもあり,「予算への反映」を念頭においた評価をよくなしうる水準ということもできる. ただし,「有償資金協力」は, 日本政府から資金調達している被援助国が政策主体となる.

第2に, とはいえ政策実施の段階では, プロジェクトの着実な進捗に関心が寄せられなければならない. フィージビリティスタディ（F/S）や費用効果分析は, このレベルでこそもっとも手厚く実施され, 日本政府への情報は主としてこの JBIC を通じてもたらされていた. ただしこの特殊法人, もっとひろくいえば, 政策実施機関を政策評価制度においてどのように取り扱うべきかとい

う論点については未整理であった.

　2000年度の法制研の『政策評価制度の法制化に関する研究会報告』においては，内閣におかれる機関等，人事院，会計検査院，地方公共団体とともに独立行政法人や特殊法人等の国の行政活動の一端を担っている法人が，それ自体，政策評価法に基づく政策評価の実施主体とならないことが示されていた. 法制研報告によればその理由は，「今般の行政改革大綱において，すでに事業，事務運営等についての経営評価の実施が義務づけられていること，および特殊法人等の性格等に応じ個々の特殊法人等について別途の詳細な検討を要する課題であると考えられることから，今回の法制化に当たり，そのような責務の規程について併せて検討することにはなじまないものと考えられる.」とされていた. すくなくともこの段階においては，政策評価制度と整合的な評価体制，あるいは評価手法の議論を行うことは，極めて困難であった.

　そして第3に有償資金協力の原資を提供している日本政府のレベル，すなわち外務省の政策レベルである. 外務省は有償資金協力，無償資金協力，技術協力などの政策手段をミックスし，総合的な判断のもとにこれらに対する ODA 評価を行っているとしていた［参照，外務省経済協力局評価室 2003a；2003b］. だが，ODA 評価は，在外にあっては実務ベースの執行過程に焦点を当てるものであり，政策評価法でいうところの府省の課室レベルの「予算への反映」を念頭においたものではなかった. 例えば ODA 評価は，「実施管理支援とアカウンタビリティの確保という2つの目的を持つ」ようになってきたと表現されている［外務省経済協力局評価室 2003a：13］. この実務ベースの政策形成論と行政管理のための方法論とは異なる次元の議論であったのである［参照，西尾 1991：291］.

　さらによりマクロには，「外交」の視点でこれをみていくこともありえる. しかしここでも政策評価制度の期待する「予算への反映」との衝突が起こる. 国家主権同士が織りなす「外交の評価」を抜きに「予算への反映」の議論を行うことはそもそも難しい. 例えば，政策評価法の世界観に立てば，「外交」にかかる行政活動がその究極目的を日本国および日本国民の利益を守るという価

値におくとするならば，日本国および日本国民の利益を守るという「政策効果」を把握していく必要があるということになる．本当にそのような意味での「政策効果」は把握できるのか．それは容易なことではないだろう．

　要約すれば，本章で扱った「有償資金協力」にかかる評価の論点は，政府貸付の一定条件以上の案件毎の評価を行う義務を負いつつ，同時に外交のサブスタンスを担う原課のマネジメントのあり方を問うという高度に難しくも複雑な要請を，どのように解決するかという課題を背負っているものといっておくことができる．また国民に対する説明責任という観点からは，これらをミックスした総合的な透明性確保の手段を講じる必要もあるかもしれない，という点も指摘しておきたい．いずれにしろこの論点は，ODA 評価の運用状況と政策評価制度の趣旨についての抜本的な再構築を伴うことなくしては，よく議論し得ないのである．

（3）政策評価法は何を求めているのか

　そもそも，政策評価法の理念の源流は行政改革会議の『最終報告』にある．同報告では評価機能の充実の必要性として以下のように述べられていた．

　　① 従来，わが国の行政においては，法律の制定や予算の獲得等に重点がおかれ，その効果やその後の社会経済情勢の変化に基づき政策を積極的に見直すといった評価機能は軽視されがちであった．② しかしながら，政策は実施段階で常にその効果が点検され，不断の見直しや改善が加えられていくことが重要であり，そのためには，政策の効果について，事前，事後に，厳正かつ客観的な評価を行い，それを政策立案部門の企画立案作業に反映させる仕組みを充実強化することが必要である．③ また，評価機能の充実は，政策立案部門と実施部門の意思疎通と意見交換を促進するとともに，その過程において政策立案部門，実施部門の双方の政策についての評価や各種情報が開示され，行政の公正・透明化を促す効果があること

も忘れてはならない［行政改革会議 1997：Ⅲ 5 (1)］.

　この『最終報告』のポイントは，評価機能が，「政策効果」や「社会情勢の変化」に応じ，政策の企画立案部門における政策を「積極的に見直す」契機とするところにあった．この要請は政策評価法第 1 条や第 3 条にもあらわれており，「政策評価に関する標準的ガイドライン」にも盛り込まれていた．ただし，その見直し方策，あるいは政策への反映のあり方は，評価方式によって異なる．さらにいえば，評価の対象とする政策によって多様でなければならないものであった．それは政策を洞察する深度とともに語られるべき議論であったはずである．

　このように考えてくると，本章が素材とした ODA 事業たる未着手・未了案件に対し，政策評価制度はそもそもどのような議論を要請しているといえるのだろうか．それは，これは本章がこれまで論じてきたような「評価手法」の問題ではなく，評価対象たる「政策」をどのように捉えるのかをめぐる問題にほかならないのではないか．

（4）「行政機関が行う政策」

　本章の最後の論点は，政策評価法のタイトルにかかる「行政機関が行う政策」とは何かである．この点について政策評価制度は，具体的な整理軸を示していない．そればかりか本章で指摘してきたとおり，政策評価制度は何を対象としてどのような狙いをもって評価書を記載すればよいのかについて明確さを欠いている．この論点を本章にそくしていえば，マクロには ODA 評価と政策評価をどのように整理すればよいのかについての議論があろうし，ミクロには国内公共事業の未着手・未了評価と ODA 事業にかかる未着手・未了評価をどのように育てていけばよいのかについての議論があるだろう．

　そして，本章の記述をふまえて述べるべき最後の論点は以下のとおりである．すなわち法律名に掲げられた「行政機関の行う政策」に対していかに接近して

いくかについての議論が，政策評価論には不可欠であるということである．

注

1） 総務省による客観性担保評価によれば，政府開発援助は便宜的に事業評価方式と分
類される［総務省行政評価局 2004：Ⅱ2-3(2)ア・注1］．この論点を転記しておこう．
「外務省の基本計画では，同省の政策について総合評価方式により評価を実施すること
としており，個々の政府開発援助については，政策の目的と手段を体系的に整理し，
それらを必要性，効率性及び有効性の観点から評価した上で，その体系全体における
目的と手段の関係の適切さを検証すること等をそのねらいとして挙げている．一方，
評価法においては，研究開発，公共事業及び政府開発援助の3分野について個々の事
業に着目して事前評価の実施を義務付けていることから，本審査では，これら3分野
について並びで整理している．」

2） 政策評価法制定当初，総務省と外務省の共同省令（平成14年総務省・外務省令第1
号）によって個々の政府開発援助に係る事前評価がいったん適用除外とされた．翌年，
共同省令（平成15年総務省・外務省令第2号）により，総務省・外務省令第1号が廃
止され，事前評価実施のはこびとなった．

3） この再評価システムでは，1998年度から2001年度までの期間，評価対象数8511件に
対し，評価手続中1件を留保して，継続8212件，中止229件，休止69件という実績を出
していたのである［国土交通省 2002：14］．

4） 円借款の貸付・出資業務に要する財源は(1)税金や国債などが財源の一般会計からの
出資金，(2)財政投融資制度からの借入金，(3)自己資金等から構成されている．

5） 法制研における財務省ヒアリングでは，評価制度と予算の機械的連動には反対され
たという経緯がある．手法研，法制研ともに予算と評価との連動，とくに予算と評価
との機械的連動は難しいとする結論となっていた．

第Ⅲ部　政策評価の理論と分析

第9章 | 政策の管理とその文化

　政策評価制度の運用局面における混乱は，政策評価にいかなる機能を期待するのかという点をめぐって展開している．すなわち，政策評価の適正運用ないし運用改善を口にするそれぞれの主体が，いかなる目的意識に基づきその機能を理解しているのかという議論が，複数形で併存しているのである[1]．

　政策評価の制度運用段階では，様々な学問分野や実践主体が自らの主体性や存在意義を土台としつつ，その利得・効用等を最大化させようとするバイアスがかかる．そこでは制度設計段階で解決されなかった論点が登場し，それぞれの立場からの合理性が追求されることとなる．このことによって政策評価の機能はいっそう錯綜・複雑化する．制度運用をめぐる価値観の錯綜をわれわれはそこにみるのである．

　このような状態を打開するために必要なのは，いかなる論議主体がそこに登場しており，それぞれの論議主体の〈発話〉がどのような合理性を志向しているのかをよく観察することである．このことはとりもなおさずそれぞれの世界観が措いている〈文化〉の違いを認識することにつながる．

　最終章では，これまで政策評価論で論じられることのなかったこの評価をめぐる〈文化〉について議論し，政策評価の機能の整理を試みよう．

＋ 1. コントロール論議

（1）コントロール論議としての政策評価

　政策評価においては，実態からいったん切り離された政策という機能的存在が措定され，この機能的存在の解明と制御が論じられている．

　評価も政策もともにコントロールの議論であるとするならば，政策評価はどのように整理されるのか．政策資源を「入力」された「政策」というシステムは，機能的存在として社会にある問題を解決しようとする．その結果が「アウトプット」「アウトカム」「インパクト」とよばれる出力側の議論となる[2]．

　ここで，評価機能のバイアスをゼロと仮定してみよう．この場合には，評価と政策は乖離せず，議論は単純化する．だが，評価が何らかのバイアスを与える存在として語られる場合には，政策をめぐるコントロールの議論と，評価をめぐるコントロールの議論とを識別しなければならなくなる．一例を挙げれば，節約の議論では，政策システムへの「インプット」を抑制するのが評価の機能となる．このように評価に何らかのバイアスがかかっている場合には，政策と評価のそれぞれの機能論は，それぞれ別のコントロール体系として観念される必要があるものとなる．

　A. ダンザイア［Dunsire 1978：59-60］は，コントロールの構成要素として，あるべき望ましい状態を示す「指示子（director）」，その望ましい状態との差異を確認する「検知子（detector）」，そしてあるべき望ましい状態に向かってシステムに働きかける「作用子（effector）」の三者を掲げていた[3]．

　ダンザイアの議論はコントロールの形式的な概念模型を提示していた．森田朗［1988：25］によれば，このコントロールが作動する条件には以下の3点が必要であるとされる．

　第1に「〈指示子〉が進むべき望ましい方向を明確に，かつ一貫して示していなければならない」ことである．第2に「〈検知子〉が，現状の検知・測定

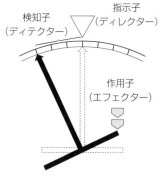

図 9‐1　ダンザイアによるコ
ントロールの理念型

出典：Dunsire［1978：60, fig. 4］.

において十分に敏感でなくてはならない」ことである．第 3 に「〈作用子〉が，効果的に，つまり正確かつ迅速に社会システムを制御できるものでなくてはならない」ことである．

　このコントロールの議論は政府政策そのものに援用しうる．森田はコントロールの要素のうちの作用子について，以下の 4 つの形態・類型を指摘していた．第 1 に「情報」，第 2 に補助金・融資・税制措置等の「金銭その他の交換可能な財の配分・支出」，第 3 に免許，許認可，命令・禁止等の「法的あるいは公的な権限の行使」，そして第 4 に「何らかの形で組織として編成された人的・物的能力の発動」である．

　窪田好男［2005：7］によれば政策評価は，①「政策が社会に及ぼす直接・間接の影響（インパクト）を評価の対象とする」，②「判定を行う」，③「情報の収集と分析を通じて政策の改善案を立案する」であるという．このうち①は指示子，②は検知子，③は作用子の議論であることから，評価の議論もまたコントロールの 3 要素から成り立っていると観念することができる．

　ただし，「評価」がコントロールの議論であったとしても，この全部を「政策」というもう 1 つのコントロールの議論から切り離して論じてよいものか．

なぜならば，政策評価のあり方として最終的に論じられなければならないのは「政策をいかにコントロールするか」であり，その意味においてこの二者は密接不可分な関係にあるからである．

　ここで，政策評価の機能論としてここで注目しておきたいのは，「作用子」である．これはそのまま政策評価の結果の「反映」論におきかえることができるだろう．政策評価の結果産出された情報は，政策へとフィードバックされるべきものとなり，その結果は，作用子に掲げられたような政策手段の拡大，あるいは縮小をもって表現される．

　さらにいえば，政策評価の機能論は，「反映」の議論を中心としている．理念的にいえば，「反映」しうる様な質の「情報」を生み出すことが政策評価には求められている．しかし，この「反映」論は，実務上，十分に整理されていない．ある制度のうえで主体間の誤解やすれ違いが生じている点をわれわれは見逃してはならない．誤解やすれ違いは同じ概念を用いているつもりであっても，実際には異なる議論を行っていることから生じるものである．政策評価制度をめぐる混乱は，この主体間の距離を適切に認識することを起点として再構成される必要がある．

　この点について本書の主張を要約するならば，問題の分析に必要なのはその背景にあってこれを規律するコンテクストであるというものである．テクストはコンテクストによって意味と内容を与えられる．コンテクストがテクストにいかなる意味を与えるのか，さらには，いかなる失敗の契機がそこに内包されているのかを明らかにすることこそが，政策評価をめぐる議論の整理には必要なのではないか．

（2）〈文化〉の議論

　コントロールの多様な局面をどのように理論的に整理するかという論点については，C.フッドを中心とする一連の研究が有益である［Hood 1998；Hood et al. 1999；Hood et al. 2001］．フッドらの用いる理論枠組みは「グリッド／グルー

プ文化理論」(以下「文化理論」という) とよばれるものであり, 同理論は2000年代にコントロールの議論を国際的に比較し整理する枠組みとして用いられていたものである[4].

　文化理論は, 文化人類学者 M. ダグラスが1970年の『象徴としての身体』(*Natural Symbols*) において, B. バーンスタインの「精密コード」と「限定コード」の議論を「粗雑かつ不完全に模倣し」[Douglas 1970＝1983] て再整理したものである. すなわち,「組織および社会的統制にどの程度の価値が認められているかを比較するための」枠組みとして, 人間関係の構造化に影響を与える2つの要素を抽出したのである. これがダグラスによって「グリッド」と「グループ」と名付けられたものであった.

　ダグラスによれば,「グループ」とは,「境界を限られた一つの単位」であり,「さまざまな結びつきのうちで考えられるもっともゆるやかなものから, きわめて強固な, 閉じられたグループにいたる範囲」を示す水平線で表現されるものである. いわば認識主体の集団への帰属の程度が「グループ」だということができる. この「グループ」概念は,「本質的に時間的次元を持つ」ものであり, 時間の経過に耐えた組織ほど「グループ」が強固になるという. またこの「グループ」概念は,「グループに包含するものと排除するものとについて認識可能な記号を持たなければならない」のであり,「この線の左から右に移るにつれて, 社会的グループはますます持続性を持ち, 脱出することが困難になり, また境界が明瞭になる」ものであるという. グループが強くなると, それは「次第に強力な組織原理になり, 構成員に対してはグループを焦点とする役割を強要するようになる」というのである.

　他方, ダグラスのいう「グリッド」とは, グループとは別に,「例えば命令系統とか中央からの責任の委譲とかいったもののように, グループ組織に基づく内的な構造形式」であるとされる. つまり, この主体の内部に形成される内的構造形式は,「社会組織のなかで明確な境界を持ったグループの重要性が増すにつれて数が多くなっていく」ものであるという. いわば外的に与えられる

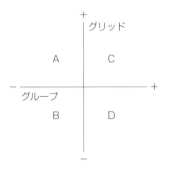

図9‐2 グリッドとグループ

出典：Douglas ［1970］.

規律・制約の議論が「グリッド」であるといえ，したがって人間の生活の面で考えると，「自己を中心としてそのまわりに格子状になったさまざまな社会的範疇によって組み立てられている」状態が，「グリッド」が高くなっていると表現できるのである．

　このグリッドとグループを組み合わせた分析枠組みがダグラスの文化理論である．ダグラスの説明によれば，図9‐2の領域 A では「人は境界が明確なグループには属していないが，自分自身との関係において決定される一定の範疇において他の人々との関係を拘束されている」という．また，領域 B では，「人はグリッドにもグループにも束縛」されず，「社会的制約から自由」であり，「因習が彼を悩ませることもな」く，「個人同士の，勝手気ままに取捨選択」できるのだという．さらに，領域 C では，「さまざまな関係のより高次な組織」があり，「社会のなかにさまざまな種類のグリッドやグループが複雑に交錯」しており，「個人は，多くの線や境界によって，他の人々と絡まりあったり隔てられたりしている」のであるという．そして，最後の領域 D では，「限定されたグループに属しているか否かということに含まれる地位に比べれば，その他のあらゆる地位は無意味」にみえるのだという．

✛ 2．文化理論の視座

（1）政治学説への応用

こうした文化理論を政治学の分野に応用したのが，ダグラスと A. ウイルダフスキーとの共著，『リスクと文化』（*Risk and Culture*）であった．同書は，何をリスクとして認知するかが文化的バイアスに依拠することを指摘しつつ，文化理論にもとづいて「階統型の管理社会」「個人主義者の社会」「セクト主義者の社会」「平等主義者」の社会の4つの社会類型を提示していた．すなわち，これらの社会では相互にリスク認知およびその対応の様式が異なるという議論が行われていたのである．

さらにウイルダフスキーは，M. トンプソン，R. エリスらとともに1990年の著作，『文化理論』（*Cultural Theory*）において，文化理論を用いた政治理論を展開した．政治学で文化理論を本格的に採用した著作はこれがはじめてであった[5]．

他方，フッドを中心とする研究では，まずコントロールの議論を素描した M. ジャクソンとの共著『行政論議』（*Administrative Argument*）が刊行されていた．同書では，行政論議を行う主体として，「経営者的」な哲学者，「軍人的」な哲学者，「宗教者的」な哲学者が論じられていた．また，同年には，NPM を論じたフッドの著名な論文，"A Public Management for All Seasons" も発表された．当時流行していた新自由主義的な政策潮流をどのように理解するのかという論点がこれらの業績にはこめられていた．

後年，この『行政論議』における議論を再整理して論じたのが，1998年のフッドの著作，『国家のアート』（*The Art of the State*）であった．同書では，議論の骨格として文化理論が据えられた．同書では，コントロールの論議主体としてダグラスやウイルダフスキーらの議論を敷衍し，「個人主義者」（Individualist），「階統主義者」（Hierarchist），「平等論者」（Egalitarian），「運命論者」（Fatalist）の4つの主体の発話として，政策論議が整理された．同書の議論は，先の

『行政論議』との関係でいえば,「経営者」は「個人主義者」に,「軍人」は「階統主義者」に,「宗教者」は「平等主義者」に再整理されたといえる. いずれにしろ,同書は,管理論議の中心を,コントロール論議の集合であると捉え,これを分析するための枠組みとして文化理論を用いた. このとき,同書ではコントロールの議論は「いかにして失敗を編制するのか」の問題であるとされていた.

（2）管 理 論 議

　管理論議へと応用された文化理論の骨格——フッドの議論——については,以下のようにまとめておくことができる. まず同書はコントロールの議論を上記の4つの発話主体の〈言説〉とみなしている.

　グリッドもグループも強いモードでは,「階統主義者」が登場し,その対局にあるグリッドもグループも弱いモードでは「個人主義者」が登場する. また,グリッドが弱くグループが強いモードでは「平等論者」が登場し,その対局にあるグリッドが強くグループが弱いモードでは「運命論者」が登場する（図9-3）.

　この4つの主体は,それぞれの生活様式（way of life）が異なっており,それぞれの極方向へとその合理性を高めていく性向を内蔵している. すなわち,このときの文化理論は,合理化を促すコントロールを規律する文化特性を形式的に整理する枠組みとして用いられているのである. また,それぞれの文化特性に率いられるコントロールの議論は,次第にそのエントロピーを増大させていくが,その過程では,典型的な失敗の契機を孕むこととなる. そしてフッドの議論では,最終的にこの失敗を克服するためにそれぞれのコントロールの組み合わせ（hybrid）が論じられるのである.

　それでは図9-3に登場する各主体はいかなるものであると説明されるのであろうか. フッドの『国家のアート』に基づき概要を述べると以下のようにいえる.

グリッド（高）

運命論者（The Fatalist Way）	階統主義者（The Hierachist Way）
規律に従順＋個人主義	規律に従順＋集団主義
（不確実性，環境への順応性）	（官僚制原理，計画行政）
上意下達に対して従順	上意下達型のヒエラルヒー構造
「運命」に対する順応性	計画経済などの官僚型コントロール
過剰なイナーシャ（惰性），度を超えた無抵抗	野心的，過大な計画の劇的な崩壊
個人主義者（The Individualist Way）	平等主義者（The Egalitalian Way）
ルールを遵守＋個人主義	ルールを遵守＋集団主義
（市場経済，合理的選択）	（相互尊重，ネットワーク構造）
集合的利益よりも個人の利益を優先	相互性と理性に基づく信頼関係
功利主義的な思考様式	課題克服に際し権威に迎合せず
協働の欠如，個人的な腐敗	不一致に基づく不決定，相互尊重の堕落

グループ（高）

図9‑3 フッドの文化理論の枠組み

出典：Hood［1998：9：28］をもとに筆者作成.

　第1に「階統主義者」のモードである．グリッドもグループも高い階統主義者のモードでは，「階統制」に基づくマネジメントが展開する．そこでは組織と個人との関係では，個人の欲求は二の次とされ，メンバーは組織に拘束される．すなわち，このモードにおけるコントロールのあり方は，①個人よりもグループが優先され，②ルールや権威が混沌を避けるためのツールとして求められる．例えば，プログレッシヴィズム，フェビアニズム，カメラリスム，そして中国の儒教などはこのモードのコントロールの発現形態として考えることができるとフッドはいう．

　第2に「個人主義者」のモードである．グリッドもグループも低い個人主義者のモードでは民間企業の規範，すなわち，個人主義にもとづく合理的判断の下での「競争」や「対立」がコントロールの基本型となる．方法論的個人主義とよばれるミクロ経済学（新制度派経済学）のアプローチがここでの主役となるものとなり，機会主義的・利己的な人間観がこのモードでは支配的となる．

　第3に「平等論者」のモードである．グリッドが低く，グループが高い平等論者のモードでは，ひとことで言えば「管理者なき管理」（management without

manager）が志向される．すなわち，管理者の存在は不要であるが，参加者は
グループにつよく拘束され管理されるのである．例えば専門集団における相互
尊重や，共和主義が理想に描く平等な市民社会像が平等論者のモードの目指す
べき方向となるということができるだろう．

　第4に「運命論者」のモードである．グリッドは高く，グループが低い運命
論者のモードでは，ルーレット・ゲームのような消極的なコントロールとなる．
上記の3つの積極的なモードに対し，運命論者のモードは消極的である．した
がって，コントロールの議論として成り立つのかという点については不安が残
る[6]．だが，何もコントロールしないこと，あるいはランダムな要素にその身を
委ねることが，かえって制度上の合理性を達成することもある．運命論者のモ
ードはそうした「機能」をもつ存在なのである．

　『国家のアート』で描き出されたこれら4つの主体のモードは，それぞれの
〈文化〉に規律され，それぞれの極方向に向かってエントロピーを増大させる．
すなわち，そのモードの内部では，それぞれの効用の極大化こそが〈近代化〉
（modernization）なのだと観念される．しかし，それらは「死と税金」がそうで
あるように，「必然ではあるが必ずしも望ましいものであるとは限らない」．す
なわち，コントロールの議論はそれぞれの文化濃度を高めていくことで純化す
るが，それぞれの〈文化〉が織りなすコントロールは，それぞれに特徴的な逆
効果や欠陥を孕むのであり，いずれか1つの〈文化〉のコントロールのモード
を純化させていくだけでは，リスクが募るだけであるというのである．このた
めの解決策として，フッドは以下のように述べ，コントロール間のハイブリッ
ド・アプローチを提唱している．いわく，「料理に砂糖と塩が必要であるよう
に，パブリック・マネジメントにも複合的な処方箋が必要である」というので
ある．

（3）CARR プロジェクト

　コントロールの議論へとおきなおされた文化理論の枠組みは，フッドを中心

としてさらに発展することとなる.

　当時フッドが所属していたロンドン大学では「リスク・行政統制分析センター」(Centre for Analysis of Risk and Regulation; CARR) が設置され, NPM やガバナンスを中心とした政策研究が展開されていた. CARR は, 社会科学研究の振興を目的とした独立機関,「経済・社会調査会」(economic and social research council; ESRC) の補助を受けて設置された研究所で, 1997年以降, 民間部門, 公的部門, そして政府部門に関する研究を行っていた.

　CARR における研究の方向性および理論枠組みについては以下の2点の書籍が重要である. 第1にフッドを中心とし, C. スコット, O. ジェームス, G. ジョーンズ, そして T. トラバースの1999年の共著,『政府部内規制』(*Regulation inside Government*) である. これは NPM とともに切り出された政府機関に対する管理問題をはじめ, 英国政府で顕在化しているコントロールの拡散現象を分析するものであった. 上述の文化理論のうち, 個人主義者のモードに率いられて進展した英国の NPM が, 同時にその対局にある階統主義者のモードを拡大させ, 統制の多元化・重層化を招来したとするのが同書の主な内容であった. フッドらはこれをまるでコメディのマルクス・ブラザーズが演じるような「ミラー・イメージ」だとしていた.

　同書での文化理論については, この政府部内規制論に適合するように若干の用語の手直しがくわえられていた. しかし, 基本的には『国家のアート』を踏襲した議論が行われていた.『国家のアート』と顕著に異なる点は, 関係距離仮説 (Relational Distance) が持ち込まれている点であった. すなわち, 関係距離が長くなると (執行エージェンシー化などが起こると), 監視が増加するという「ミラー・イメージ」があるという論点が追加されていたのである. これは,『国家のアート』で論じられていたハイブリッド・アプローチの論点を敷衍するものでもあった.[7)]

　第2に同じくフッド, H. ロススタイン, そして R. ボールドウィンによって2001年,『政府のリスク』(*The Risks of Government*) が刊行された. これは『政

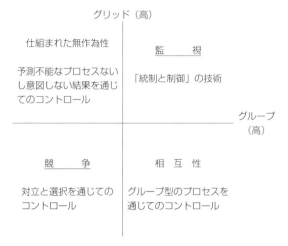

図9‑4　文化理論とコントロール類型

出典：Hood et al. [1999：14].

府部内統制』の続編であるが，政府の信頼性の低下の問題を論じるものであり，政府に向けられる批判を含めた様々なリスクとその統制レジームを取り扱っていた．その中心には，政策の失敗や政策による被害といったコントロールの機能劣化分析がおかれていた．

　なお，この当時のCARRには，以下の２つの研究が柱となっていた．

- 組織とリスク管理（リスクに対する組織的応答の研究）
- 政府，統制とガバナンス（政府，国際機関あるいは公的機関の統制研究）

より具体的には以下のような項目に関心が払われていた．

- 手段，技法，イノベーションと情報の転移
- 予測不能な結果や副次効果
- アカウンタビリティ，正統性や政府への期待

その成果物の一環として，フッドの『国家のアート』で論じられたコントロ

ールの議論を敷衍する，上記の2冊の書籍が刊行されていたのである．

3．「反映」をめぐる議論

(1)「反映」論議

ここまで，コントロールの整理の議論として文化理論が用いられていることやその概要を概観してきた．本書ではこの文化理論を応用することによって，複雑に絡み合った政策評価の機能の整理を試みる．

フッドらの議論に倣い，グリッドとグループにわかたれる4象限に政策評価の機能を整理するとつぎのようにいうことができるだろう．

第1にグリッドとグループが高いモードである．ここには第4章で触れていた「制度志向」の議論が該当する．このモードでは「信頼」が重視され，信頼を確保するための様々な透明化のツールが登場する．このモードでの「反映」論は，政策の透明性の高度化を目指すものとなる．そのために必要なのが第三者や有識者による「監視」である．また，透明性や信頼を確保するために様々な手続きが整備される点もこのモードの特徴である．さらにこのモードでは，コントロールの多元化・重層化とその精緻化が論点となる．「政策のアカウンタビリティ」の不徹底ないし不担保による政府全体の信用失墜，正統性の剥落等がこのモードにおける失敗と考えられるだろう．

第2にグリッドもグループもともに低いモードである．第4章で触れた「手法志向」の議論がここに該当する．このモードではマクロには社会経済面での「効用最大化」と「費用最小化」が志向され，ミクロには政府の「節約」「効率化」が目指される．このモードが政策評価に期待する機能は，経済合理性——功利主義的合理性——である．官僚制の権威主義が生み出す非合理性と非効率，それがこのモードが対峙する敵であるとみなされる．

第3にグリッドが低く，グループが高いモードである．ここには「成果志向」の議論を当てはめることができる．第4章で触れた「成果志向」では，ボ

トムアップでの目標設定，専門的合理性，職員の意識改革などが登場していた．それらはいいかえれば，「行政のレスポンシビリティ」に接続するものである．フッドの表現でいえば，平等論者・相互性のモード，あるいは「管理者なき管理」の状態である．このモードの唱道者に注目すると，実務経験のある有識者がその主役となっていることに気がつくだろう．このモードにおける敵は職員の消極性や意識の低さである．それはどこまでもグループの規律の問題に収斂する．

　第4にグリッドが高く，グループが低いモードである．政策評価の議論では，「自己評価」を課される，個別の政策を所管する各府省側の議論として理解することができる．このモードでは政策評価に対する期待は何もないし，政策評価によってコントロールするものも何もないと考えられる．そうであるがゆえに，政策評価は蛇足的な取り組みであるとされ，それにつきあうことは「評価疲れ」につながるものと観念される．このモードでは，ただ手続きとしての政策評価を，義務として粛々と履行することに重きがおかれ，それ以上のことは，政策評価の機能としては求められない．このモードにおける敵は現場への無視・無知・無理解である．さらには，現場を無視してむやみやたらと手続を強制する存在も敵と観念される．このモードに内在するかぎり，必要なのはよりよい政策のサブスタンスを展開することそのものであって，無意味な手続きに労力を割くことはナンセンスであると観念されるのである．

　「制度志向」「手法志向」「成果志向」「自己評価」の4つのモードは，それぞれに異なる政策評価の結果の政策への「反映」の議論を提供している発話主体，いいかえれば制度運用段階に登場するアクターそのものである．これらは相互排他の関係にあり，それぞれのモードに内在化してその濃度を高めようとする性向をもっている．本書では，政策評価の議論が複雑化する原因を，これらの関係性に求める．以下では，ここで提示した枠組みをふまえ，さらに具体的な議論をつみあげよう．

（2）制度志向のモード

　制度志向のモードの主たる主張者は政治・行政学者である．このモードでは，信頼性を高めるために行政統制（administrative control）あるいは政治主導の手段としての政策評価が強調される．したがって，これと表裏一体の関係にある行政責任確保策＝政策のアカウンタビリティの確保を射程に入れた政策評価が顕著に語られる．また，その結果として，外部評価や第三者評価が主張され，政策評価の民主的統御のツールとしての色彩が濃厚となる．

　例えばこのモードの論者は，GAO のプログラム評価によく関心を寄せる．この場合，関心の焦点は GAO という機関の外部性・独立性・専門性へと注がれる．さらにこのモードでは，行政部内に様々な「サブ政治」が混在する（政策実施過程研究）ことに関心が注がれる．なお，このモードの論者は，社会調査のアプローチには一定の理解があり，このような意味でサイエンスを基礎としたインテリジェンスの高い行政活動が実現していくことを歓迎する性向がみられる．なぜならそれが行政の奥座敷を照射するものであるからである．

　このモードにおける失敗の契機は，個別政策の中身に関する情報がアカウンタビリティの経路に乗ってこないことである．一般に政治・行政関係の制度的枠組みに固執するこのモードの論者は，個別政策の専門性に対して十分な注意が行き届かない．さらには，いわゆるアカウンタビリティのジレンマの問題も重要である．アカウンタビリティのジレンマとは，過度な統制を強制することで規律密度があがり，コンプライアンス・コストが上昇するという現象のことである．情報公開や会計の世界ではこうした現象が起きやすい．なぜならならば，手続きを守ることこそが民主主義を具現するものとして歓迎される傾向があるからである［参照，西山 2003］．

　例えば田邊國昭は，政策評価を一種の「政府部内規制」であると位置付けたうえで，行政管理にかえて，この「政府内部における規制」，つまり，「組織の中だけではなく，組織と組織の間の対立，チェック，モニタリングというものを利用する形の管理が，だんだんと大きな比重を占めるようになってきてい

る」［田邊 2003：13］と指摘している．田邊は多元的な価値観を前提にした組織
外との関係を視野に入れた政策評価の議論を行っている．

　山谷清志［1997］は，GAO のプログラム評価を議会の行政統制の手法の１つ
として紹介し，その中心にアカウンタビリティを据え，これを政策評価である
としている．また山谷［1998］は，市民の視点からの評価をないがしろにした
政策評価の現状を問題視している．この市民の視点こそアカウンタビリティの
議論の中心であるべき存在であり，これを媒介とした政策評価を確立すること
によって，行政監視の仕組みを構築すべきであるべきとの認識がそこにうかが
える．このほか山谷［2005］は，2002年８月から2004年３月までの外務省にお
ける実務経験（外務省経済協力局 ODA 評価室長および同省大臣官房考査・政策評価官）
をふまえ，アカウンタビリティの障害となる実態の分析におおくの紙幅を費や
し，「アカウンタビリティのジレンマ」に注意を喚起していた．

（３）手法志向のモード
　手法志向のモードをリードするのは，経済学者や工学者といった数理系のア
プローチの適用とそれによる合理的な意思決定の産出を政策評価と解する論者
である．このモードでは，「競争」が強調されたり，社会経済的な「効用最大
化」と「費用最小化」が論じられたりする．また，かつての PPBS がそうで
あったように，理論的な観点から予算や機構定員と政策評価結果との連動を期
待する傾向が強い．このモードのドクトリンは，そのシャープな科学主義によ
って政策評価論の中心に位置するが，その合理性ゆえに政治学者の民主主義論
または実務家の実用主義論としばしば衝突する．

　このモードの弱点は，官僚制の権威を軽視する点にある．このモードでは，
実際の官僚制の作動様式の中心に位置している権威主義や法律による行政の原
理に対し，十分な理解を示さない．官僚制は徐々に合理的な体系に移行するこ
とはできても，そこには世代を重ねる必要がある．この現実と理想とのギャッ
プが，実現可能性という意味での，このモードの弱点となる．

　さらに，工学・経済学のツールを使いこなすためには，大学院における訓練
など，相応の習熟が必要であることを本書ではくりかえしてきた．さらに，現
実問題として近視眼的にいえば，数理系のアプローチの訓練のために多くの人
材を大学等に派遣することは容易なことではない．このモードでは，規範的な
意味において，多くの人々がこれらのツールを使いこなすことが前提とされる．
そこに潜むのが「共通語」としての政策評価の位置である．このような状態に
至るためにはさらに多くの時間が必要であるが，それはこのモードにとっては
批判の対象でしかない．

　例えば，金本良嗣 [2003] は，政策評価の問題として①（費用便益分析や費用効
果分析を行う手法を記述した）マニュアルの不備，②官僚による費用便益分析の
際の計算のごまかし，③評価結果（計算結果）の技術的信頼性の問題を指摘し
ている．金本は，このうち，③の評価結果の信頼性の問題について，評価のた
めの能力不足を憂い，経済学や統計学の知識が必須であることを訴えている．
さらに，公共部門が行う投資が不確実性の下に行われることを危惧し，合理的
な意思決定が行われること，これが評価と密接な関係を持つことを訴えている．

　金本良嗣ほか [2015] においては，いっそうラジカルな議論が展開している．
すなわち，「政策評価のミクロモデルは，消費や生産の構造を定量的に扱える
ように，経済システムをミクロ経済学の枠組みに従ってモデル化する」もので
あるという．さらに，政府で用いられる通常の予測モデルと政策評価ミクロモ
デルとの違いについては，通常の予測モデルが「予測を充てることが主たる目
標であるので，理論的な整合性・厳密性を若干犠牲にしても，予測が当たるよ
うにしなければならない」としたうえで，政策評価ミクロモデルは，「政策の
社会的な便益を予測することであり，便益の推定値に関して十分な信頼性を確
保することが求められる」といい，「政策評価の信頼性確保のためにもっとも
重要なのは，評価モデルの完璧な理論的整合性である」といいきる．

　もちろん，そこにあるのが学問的な誠実性あるいは理論的な完成度であるこ
とはいうまでもない．

（4）成果志向のモード

　成果志向のモードを主導するのは経営学者やコンサルタント，そして実務経験を有する有識者や政策評価を推進しようとする実務家などである．このモードでは職員の意識改革が喧伝され，政策評価によって職員のコスト意識や目標に向かって行動をすることが推奨される．日本でNPMとよばれる議論を主導しているのは，このモードに内在する論者である．そこでは，職員間の相互性を前提としつつ，成果主義や顧客志向といったエートスが求められる．

　このモードの失敗要因の第1は，トップの責任性の欠如である．すなわち，トップの責任回避方策（現場への責任転嫁）として政策評価が求められたり，政治家が選挙で票を得やすいという理由のみによって政策評価を行おうとしたりする場合に，政策評価は失敗に直面することになると説明される．しばしば，「政策評価の問題はトップのリーダーシップである」といわれるのは，このモードに内在する論者から発せられる危機感である．

　このモードの失敗要因の第2は，過剰なプロ意識である．このモードは組織内部の職員意識に焦点を合わせている．すなわち，「行政のレスポンシビリティ」の世界観である．そのため，このモードでは，公務員の世界を熟知していないような発話を忌避する傾向がある．このモードでは，官界の秩序が1つの妥当性境界を形成している．また，アカウンタビリティの方法論よりも，組織そのものの維持によりつよい関心が注がれがちとなる．

　例えば，この立場の代表的な論者は，上山信一［2004］である．上山は，「民間企業の経営のやり方を行政組織に導入する」ことや，「成果志向」「顧客主義」を中心とする行政組織に変えていく運動をNPMとよんでいた．そのうえで上山は，組織管理を「慢性成人病の治療」になぞらえて，「次々にいろいろな薬を組み合わせて発症を抑え，症状をうまくコントロールする」［上山 2004：82］ことを提唱していた．さらに，これらのツールが成功する要因として，「職員レベルで使える等身大のツールであること」「行政機関が実際に困っている問題に対して具体的に貢献できること」「類似の試みがあちこちに生まれる

こと」，米国では法律になっているなどの「外からの権威づけ」があることの
4点を掲げ，次々に新しいものを投入していくことを提唱していた（「3年で普
及し，5年で陳腐化する」）．そして評価制度を含めた様々な改革を次々と打ち出
すことによって，「官僚制」「課金民主主義」にまつわる非効率や官僚主義を封
じ込めることを目指すのだと主張していたのである．

　なお，上山の矛先は，同じグリッドの対極にある制度志向のモードに対して
もっとも辛辣であった．すなわち，上山は，行政学が「生きたケースから距離
を置いて発達してきた」ことこそが問題であるとし，行政学は「臨床医学のよ
うな存在を目指すべきだ」と主張していた．この議論のポイントは，「大学卒
業後に国家公務員を6年間やった後に外資系経営コンサルティング企業に移り，
14年間を過ごした」という経験のうえに立ったものであったのだという．

（5）自己評価のモード

　自己評価のモードを主張するのは，個別の「政策」を所管する各府省の側で
ある．政策評価を強制される各府省の立場からしてみれば，政策評価制度上の
手続きに瑕疵がないことが重要視されるものとなる．また，このモードにおけ
る理想的な政策評価は，評価と政策のコントロールの態様が一致し，評価のコ
ントロールの議論が政策のサブスタンスの議論と矛盾がない状態である．この
場合，政策評価に対する機能面での期待は何もない．そこにはただ手続がある
だけである．またこの場合，政策評価の結果の「反映」論はナンセンスなもの
と理解され，極論に走るならば，単純に現場で起きていることを説明するだけ
の道具としてのみ政策評価は理解される．

　このモードの失敗の契機は，「反映」先の喪失と政策評価制度の手続的形骸
化である．このモードでは，政策評価は機能的には無意味であり，繁雑な手続
きによる「評価疲れ」だけがそこに残される．さらにいえば，政策評価に義務
以上のインセンティブがないことがこのモードの欠陥である．その向かう方向
はいうまでもなく制度破綻である．そこでは，フィードバック・ループが消失

してしまうからである．

＋ 4．「政策」と「評価」

（1）ミラー・イメージ

　文化理論による整理をふまえたうえで，政策評価の機能論としてさらに以下の３点の指摘をしておきたい．

　第1に日本の政策評価制度の実務での議論は，「成果志向のモード」と「自己評価のモード」のミラー・イメージが支配的となっている．つまり，成果志向を喧伝しこれを強く主張する方向と，逆に強制的な手続きとしてしか政策評価を理解しない方向との関係構図が基本となっている．このような関係構図においては，「成果志向のモード」をつよく主張すればするほど，政策評価の実態は形骸化する．また，実態の形骸化を目の当たりにして，いっそう意識改革が喧伝されるという悪循環も生ずる．行政機関内の，あるいは政府内の相互理解の道具として期待された政策評価制度は，意識改革という行政職員の内面への浸透を目指すが，そうであるがゆえに改革前衛集団によるセクト化が不可避となる．そして，その対極にある「自己評価のモード」からは，相互不信の深化ばかりが募り，「評価疲れ」が蔓延することとなる．

　第2にアカデミックな緊張は「制度志向のモード」と「手法志向のモード」の間において顕著となる．このうち代表的なものは，PPBSにみられたような数理系のアプローチとアカウンタビリティを軸とする制度系のアプローチの間の相克である．より抽象的にいえば，合理的な政策選択（「手法志向のモード」）が強調されればされるほど，その反作用として多元的な社会の複雑な価値観，あるいはその代表機能としての政治の存在が強調され，政策評価の目的として多様な価値観をめぐる合意形成とアカウンタビリティが強調される（制度志向のモード）．逆に，合意形成が形骸化し，利益誘導などの理不尽な政策選択がくりかえされる場合には，合理的な政策選択が求められ，科学主義に基づく客観

表9-1　4つのタイプの政策評価

モード	重視する価値	リードする方向	失敗の契機
制度志向	アカウンタビリティの担保	政治主導・透明性・民主性 インテリジェンスの高度化	個別政策にかかる専門への服従 アカウンタビリティのジレンマ
手法志向	合理的な政策決定への貢献	経済的合理性の拡大 効用最大化と費用最小化	権威主義排除と実行可能性欠如 官僚制の能力・機能水準の誤認
成果志向	職員意識の改革	脱官僚・手続主義 成果主義的な行政	トップ等の責任欠如・責任回避 組織外部との間の対話不可能性
自己評価	政策のサブスタンスの実現	政策内容の改善 専門的合理性の拡張	政策論議と評価論議の間の乖離 受動的態度での評価機能形骸化

出典：筆者作成.

的なエビデンスに基づく政策選択のあり方が注目を集めることとなる．それぞれ政策評価をめぐる経済学と政治学の緊張であるといえば，この関係構図は理解されるだろう．

　第3に行政実務と学問研究の接点は，この2つのミラー・イメージ（「成果志向のモード」×「自己評価のモード」，「制度志向のモード」×「手法志向のモード」）の架橋点に立ち現れる．しかしながら，行政実務と学問研究の架橋は容易なことではない．これらのモードが交錯するとき，行政実務側では，「学問コンプレックス」とでもいえるような現象が蔓延する．例えば，無条件でアカデミズムの軍門に下り，これを鵜呑みにして実務を取りまわそうとする現象が現出する．あるいは，反対に学問分野は実務の世界のことを知らない，何も分かっていないとして排斥する現象が登場する．実務の側からは，難しいレトリックを駆使したり，本質的ではない議論を振り回したり，業務上の議論に十分な洞察がない意見については，「使えない学問」，あるいは「空理空論」と揶揄される．

　他方，学問研究の側には「実務コンプレックス」とでもいえる現象が立ちあらわれる．これは実務経験を鵜呑みにしたり，逆に，実務家は学問研究のことを分かっていないとして対話を遮蔽したりするような反応である．もちろん，学問研究は行政実務そのものではないし，その前提としている時間軸や空間軸も異なる．しかしそこで生起するのは行政実務と学問研究との間の不毛なマウ

ンティングである．「御用学者」の謗りがくりかえされてきた歴史についても，この文脈で理解することが可能だろう．

　学問研究と行政実務の関係のうち，もっとも不健全な状態は相互不信である．この問題の解決のためには等身大の学問研究や行政実務を相互の立場から理解することが必要である．社会人大学院や行政実務出身の研究者の輩出，研究者の実務経験の蓄積や実務への接触・参加は，相互理解の醸成にとって必要なことである．そして，政策評価論のような，学問研究と行政実務が交錯する領域では，この問題が先鋭化する．

　これまで述べてきた論点のうち，行政実務上の解決が必要なのは，「自己評価のモード」における政策評価の形骸化である．なぜなら，政策評価制度は府省の自己評価を駆動源としており，このモードの「反映」先の喪失といった危険性が指摘されるのであり，それこそが解決が待たれる課題であるからである．この問題の解決こそ，政策評価の制度運用の健全化の鍵を握っている．そこに接近するためには，何よりも個別具体的な政策への接近が求められる．政策評価の現場で何が行われているのかを知ることなくして，これを制御することなどできるわけがないからである．

（2）成果志向と公的部門

　「自己評価のモード」に緊張を強いる関係にある「成果志向のモード」をみるとき，ときとしてそれは成果を出しさえすればそれでよしとする価値観であるようにもみえる．それは，行政に内在するその他の諸価値，すなわち公的部門の合規性，正確性，確実性，公平性などの諸価値との関係が軽視されているようにもみえるということである［参照，高橋 2004］．

　「成果志向のモード」から提起される〈発話〉は，行政の内情を知っている経験者やこれに近い者が，行政に対して行う場合にかぎって許されるものとなる．なぜなら，彼らは，どこが問題なのか，そしてどこまで改革できるのかを熟知したうえで意見を述べることができるからである．また，研究者が学理の

一環として概念説明を行う場合も問題はないだろう．研究者は官界の習俗に通じていないが，一定の距離感をもった議論を行う場合にかぎり，いいかえれば禁欲的な〈発言〉であるかぎり，行政実務に受け入れられる．

　ただし，実務家が学理を盾としてこれを振りかざす場合には要注意である．逆に学者が，行政実務を知らずして啓蒙を行う場合も要注意である．この二者の台頭は，行政実務内部，あるいは行政実務と学問研究の間の相互不信を深めてしまうおそれがある．それは，いっそう不健全な制度運用をもたらす可能性すらある．

　個別政策にはそれが実現すべき価値や必要とする手続きがある．これらをふまえてなお，利用価値があるのが実用主義的な政策評価のあり方である．その用途は説明の道具である場合もあろうし，予算折衝の道具であるのかもしれない．実務家は行政職員として政策評価を理解し，学理や理論との適切な距離感を持って，これを戦略的に使いこなす技芸（art）を身につけることが望まれる．

＋ 5．相互理解は可能か？

（1）政策評価のイメージ

　制度構想・制度設計の段階では，多くの人にうけいれてもらうために政策評価のイメージを単純化して喚起し，啓蒙し，その期待を膨らませて曖昧化していくことに意味があった．しかしこれも度が過ぎれば規範の域を超える．イメージが実像を追えなくなったとき，制度は崩壊に瀕する．実像から乖離した政策評価の理論とそのイメージへの埋没は，この意味で警戒しなければならない．

　もう1つ重要な問題は，政策評価のイメージがそれぞれの極方向へと拡散し，相互不信に向かって進みがちであるということである．それぞれのモードからは他のモードの持つ合理性への理解は容易ではない．だが，このことは十分にわきまえられていない．すなわち，政策評価をめぐる〈発話〉は，いずれかのモードに内在してその外には踏み出さず，対話不能状態で論じられるか，もし

くはその緊張の糸を切断して論じられがちである．すくなくともその全体像を俯瞰した説明はこれまでみられなかったことがその証左なのではないか．

　本書は，いずれの問題もリアルな政策の議論から乖離していると批判するものである．共通の土俵があくまで個別政策のあり方であるという前提に立てば，政策論無き政策評価論こそ，ナンセンスなものとして排斥されるべきであろう．

　他方で，いずれかのモードに内在しないかぎり，政策評価についての理解が進まないこともまた事実である．このことはインターディシプリーナリーが，特定のディシプリンを梃子にしないと成り立たないのと同じ事情である．特定の価値に内在し，その論理構造の内部から，あくまで他の価値体系に対して距離を保ちつつ理解していくという知的な態度が，政策評価論には求められる．もしもこのことが不可能というのであれば，政策評価論は豊かな社会を作っていくためのアートとして発展していくことはできない．

（2）政策評価と政治

　最後に論じておく必要があるのは政策評価と政治の問題である．とくに政策評価の結果を「反映」しなければならない，という命題に向き合うとき，われわれはこの論点に触れないわけにはいかない．

　政策評価の結果を「反映」するとき，政策のコントロールが生じることとなる．しかしながら，政策のコントロールは，そもそも行政機関の内部ばかりに委ねられるべき問題ではないのかもしれない．民主的政府においてそれは，政治部門が介在する民主的な営為でなければならないものであるのではないか．

　さらにいえば，行政をコントロールするための重要なリソースである「予算」については，このことがいっそう要請される．この観点からいえば，行政機関内部で完結する政策評価論が真に成立してしまってよいのか，という疑念は，むしろ重要な論点として浮上するだろう．

　もっとも，政策評価の結果の「反映」論は，他方で，「反映されるような情報を産出すべき」という知的な水準をめぐる規範論と表裏の関係にある．政策

評価の「質」あるいは「客観性」をめぐる議論は，このような論点をめぐって展開している．

　ここでのポイントは，政策評価の結果を「反映」する場合には，政治のオーソライズや介在を必要とするという点にある．もちろん，政策をコントロールする以上，何らかの政治の介在はあるはずである．重要なことは，政治の介在と政策評価の技術的な「質」や「客観性」の議論を別の次元の議論として識別することである．政策評価はコントロールの議論として政策そのものを左右する契機を孕んでいる．だが，そのコントロールは一方的なものではない．政策評価制度が突き付けるのは，特定の価値観を漫然と信奉したり，あるいは多元的な価値に無頓着になったりすることではない．必要とされるのは，多元的で重層的なコントロールをめぐる緊張を引き受ける力を社会において涵養していくことである．さらにいえば，そのようなことは，行政に押し付けてよしとすべきものではなく，政治やそれを支えるわれわれの社会が引き受けなければならないものである．

　本書が取り扱った政策評価制度が直面する諸課題の解決には，短期的な処方箋ももちろん必要である．しかし，社会諸科学の総動員を企図する野心的な試みは，長い年月を経つつもいまだに緒についたばかりである．政策評価の制度運用の分析は，社会諸科学が現実との接点を模索しつづけるなかにおかれている．政策評価の客観性をめぐる議論は，こうした議論の向こう側にあるものではないだろうか．

　注
　1）　政策評価の理解が難しい理由としては，さしあたって以下の 3 点を指摘しておきたい．第 1 に，異なる学問分野が相互に異なる枠組みの議論を「政策評価」という言葉のなかで行っているためである．ただし，異なる価値観に基づく議論の対話，あるいはこれよりも控えめに議論の舞台，共通言語こそが政策評価であるということが喧伝され，例えば相互のディシプリン間の距離（distance）が十分に整理されないまま，安易に接合されがちである点にも注意が必要である．第 2 に，この異なる学問分野の枠組みを十分に整理しないまま，実務のなかで用いられ，その結果として混乱を生じ

ることが多い点を指摘することができる．第3に，実務のなかで用いられる際にも，
十分にその使用目的を整理しないまま展開され，「運用の妙」を損なっている事例が散
見される点も指摘しておくことができる．最後の点についてこれを表現するのが，抽
象的には「同床異夢」や「異種混交」[参照，山谷 1997]であり，実務でささやかれ
る「曲がり角」や「評価疲れ」，あるいは運用上の課題なるものがこれに該当する．

2）　日本では，「アウトプット」と「アウトカム」の違いは，単なる法令などの「作業結
果」としての「出力」の議論か，それとも「成果」や「政策効果」といった社会管理
にかかわる議論かということで説明されることが多い．論者にもよるが，米国の政策
評価の標準的な文献では，社会指標としてこれを扱うことを推奨している．いうまで
もなく分析枠組みとの整合性の中で検証すべきものである点にも注意を喚起しておき
たい．[See, Rossi, Lipsey and Freeman, 2004：204-208].

3）　指示子，検知子，作用子の用語法は森田朗[1988：23-28]に倣っている．ただし，
森田は「政策」の議論にこのコントロールの議論を援用している．

4）　「グリッド／グループ文化理論」（grid/group cultural theory）についての予備的な
知識は以下のとおりである．本書では同理論を，「制度運用の理論」として利用してい
る．まず邦文にてグリッド／グループ文化理論を紹介しているものは管見のかぎり，
メアリー・ダグラスの邦訳[Douglas 1970＝1983]のほか，伊藤[1998]，西尾隆の一
連の研究（代表的なものは西尾[2003]），小松[2003]ほか数点である．ところで，
グリッド／グループの枠組みについて，これを日本語で述べる努力を払うならば，さ
しあたり以下のように表現することができる．まず「グリッド」についてはそのエッ
センスを凝縮して日本語に表現するならば，「規律」とすることができるのではなかろ
うか．また，「グループ」については，一方の極に「所属の強さ」を，他方の極に「所
属の弱さ」をおき，これらの軸として理解することが可能ではなかろうか（集団化の
度合い）．グリッド／グループ文化理論とは，この2つの軸によって分かたれる4つの
象限に文化のモードを類型化し，そのダイナミズムを分析するものである．ところで，
本注記ではさらに，同分析枠組みの論点にも触れておきたい．論点は以下の3点であ
る．第1に，本文にも触れたが，同分析枠組みは実証主義を補完するという点に特徴
を有している．規範的な研究を別とすれば，政策研究では資料・史料にもとづく実証
分析が重要である．だが，政府部内の研究（inside government）については，その深
層・実態に迫ろうとすればするほど，様々な主体の言説が交錯し，実証主義への依拠
が困難となる．同分析枠組みは，実証主義からすれば飛躍にほかならないが，収集さ
れた実感にもとづく言説をメタレベルにおいて整理する点に有意性が認められる．第
2に，同分析枠組みは政策管理活動（「政策管理」の概念は，真山[1994：63]）に関
係している．真山は時間的・空間的に変容する政策実施過程をモニターとして政策管
理の概念を観念しており，例えば中央政府の活動を典型的な政策管理活動であるとし

ている．本章ではより狭義に，政策評価等の管理系の活動を政策管理活動として理解している．制度運用局面（implementation）では，様々な主体が交錯する「サブ政治」が出現する．規範的にいえば，一元化された指令に基づき，これを粛々と執行する機械的な過程として 'Implementation' は存在すべきとされる．さもなければ同過程において矛盾が噴出し，その解決のためのエネルギーが別途求められるからである．この政策管理活動においては，様々な主体の言説が交錯する．とくに，政策の「実施」と政策の「管理」は，記述的には矛盾にみちた言説の錯綜する空間となる．第 3 に，しかしながら同分析枠組みは規範性という点においては必ずしも有意ではない（この論点については，2006年11月 4 日に行われた関西公共政策研究会（第58回）における討論，とくに足立幸男教授の指摘を受けていることを明らかにしておきたい）．この点は分析枠組みの特徴といえるものであり，政策評価を論じる際に注目されがちな，「政策評価はいかなる方向に政策を導くものであるのか」あるいは「政策評価は何をもたらすのか」という問いと不可分の関係にある．この論点は政策評価の定義問題とも不可分の関係にあるが，本章では，この問いに対する直接的な回答は，むしろ制度構想および設計段階の議論が直面する課題であって，すくなくとも制度運用段階が抱える問題ではないと考える．この意味において，制度運用段階では以下の 2 点の留意点をおいておきたい．第 1 に同分析枠組みはあくまでもこれまでの研究で十分に明らかにしえない領域を照射する補完理論として理解されるべきものと考えられること，第 2 に政策評価をめぐる規範やその前提となる諸価値（政策価値）を論じる前提としてそもそもいかなる種類の規範がこの制度運用局面に存在しており，かかる全体像がそもそもどのような状況であるのかということについて明らかにしておくことが必要と思われるということである．いうまでもなくこの 2 つの留意点は，その前提と共通基盤を提供しようとする点に主眼をおくものである．

5 ）　再度，「グリッド」と「グループ」について論及しておきたい．ウイルダフスキーらは「グリッド」を「自己を中心としたグリッド状の多様な社会範疇の存在様式」であるとしている．性，年齢，血縁，種族，身分，職業などの分類体系や社会の慣習・ルールなどがこれに該当する．すなわち外的に刻印される規範様式がこれであると理解できる．他方，ウイルダフスキーらは「グループ」は「明確な境界を持った人間関係」であるとしており，集団への帰属の問題としてこれを論じる．そして，集団への帰属，すなわちグループの高いか低いかの問題は，ダグラスに倣って，時間軸に連動する内的な帰属の問題と解しているのである．ここからいえば，双方ともに高いモードでは，階統制が，双方ともに低いモードでは個人主義が，グリッドのみが高いモードでは運命主義が，グループのみが高いモードでは平等主義が，それぞれ出現することとなる [Tompson, Ellis and Wildavsky 1990]．この議論を敷衍する形で，以後のフッドの議論は展開するものと理解してよい．

6） 運命論者のモードは他のコントロール・モードと比較して異質である．フッドもこ
の点については自覚的であったのだろうか．『国家のアート』の当該章のタイトルには
「？」マークが付されている．

7） 『国家のアート』と『政府部内規制』は異なる枠組みで議論されている．『国家のア
ート』においては，本章で紹介したような内容の四人の発話主体の論議が論じられて
いた．他方，『政府部内規制』では，これを基礎として，「相互性」と「仕組まれた無
作為性」のモードがともに「古いタイプ」のコントロール・モードであるとされ，「監
視」と「競争」のモードがともに「新しいタイプ」のコントロール・モードであると
述べられていた．古いスタイルは関係距離が短く，新しいスタイルは関係距離が長く
なるという整理だが，NPM は関係距離の拡大として理解できるというのが同書での基
本認識である．その際，関係距離が長くなることによって被統制体のアカウンタビリ
ティの拡大が発生するという．このアカウンタビリティには 2 種類があげられており，
第 1 のものが統制・管理に服するコンプライアンス・アカウンタビリティ，第 2 のも
のが目的達成度を主張するパフォーマンス・アカウンタビリティである．

あ と が き

　本書は，2005年に法政大学大学院社会科学研究科政治学専攻博士後期課程に
提出した学位論文をもとに加筆し，第3章を新たに追加したものである．本書
のもととなる博士論文では，武藤博己先生を指導教授とし，廣瀬克哉先生，宮
﨑伸光先生のご指導を仰いだ．そもそも本書は15年前に刊行しておくべきもの
であった．長い年月を経てなお，本書の刊行を決意することができたのは，ひ
とえにここに掲げる多くの人々の支えがあってのことである．

　指導教授であった武藤先生には，感謝してもしきれない．博士論文の書籍化
については，これまでに何度も挑戦し，何度も失敗してきた．そのたびごとに
武藤先生にはご迷惑やご心配をおかけしてきた．せめて，武藤先生が現役でお
られるうちにという思いが，この時期の本書の刊行の直接の動機である．まず
は本書を，武藤先生に捧げたい．

　廣瀬先生には，大学院のゼミにおいて，フッドの著作をいくつも取り上げて
いただいた．イギリス政治やフッドの著作の読み方については，ほんとうに学
ぶことが多かった．本書は廣瀬先生抜きにしてはありえないものである．宮﨑
先生には法政大学に来られる前から多くのアドバイスを頂いていた．博士課程
のつらい時期に朗らかに接していただいていたことに，いまでも感謝をしてい
る．なお，この時期に法政大学大学院に非常勤講師としていらしていただいた，
森田朗先生と西尾隆先生からもフッドの学説については強い刺激を頂戴するこ
とができた．ようやく幾許かのご報告ができるものと思いたい．

　法政関係ではこのほか，本書の刊行までの間に，松下圭一先生，飯田泰三先
生，杉田敦先生，寺尾方孝先生から折に触れてお声がけをいただき，本書の完
成へと向かうエネルギーをいただいてきた．ただ，松下先生には本書をご報告
することができなくなってしまった．松下先生のシビル・ミニマム論と政策評

価との接合は，今後の宿題とさせていただきたい．

　つづいてお名前をあげさせて頂きたいのは，今川晃先生と山谷清志先生である．今川先生についても刊行が遅れたことを悔やむばかりである．山谷先生からは，研究者としてのイロハから政策評価の理論と実践までじつにおおくのことを学ばせていただいた．山谷先生には，ここにはとても書き切れないほどのご恩がある．そのなかで1つだけ述べておきたいのが，山谷先生にお誘いいただいた外務省大臣官房考査・政策評価官室の実務経験がなければ，本書はありえなかったということである．

　またここには，佐藤竺先生，今村都南雄先生のお名前をあげさせていただきたい．先生方が冠となっておられる，『市民のための地方自治入門（新訂版）』（実務教育出版，2009年）や『ホーンブック基礎行政学（第三版）』（北樹出版，2015年）において，政策評価や行政改革に関する章を担当させていただいた．佐藤先生には行政学史について多くのことを教えていただいた．とくに民間経営手法の行政への適用がこれまでに何度もくりかえされてきたことを教えていただいたことが強く心に残っている．今村先生には，2018年の本郷の行政学会において博士論文のことを覚えていてくださり，そのことを話題にしていただいたことがあった．じつはそこで話題にしていただいたことが，今回の刊行の背中を押していただくこととなった．今村先生にしてみれば何気ないお声がけであったかも知れないが，私にとっては重いことであった．

　現在の職場である新潟大学については，馬場健先生と兵藤守男先生のお名前をあげなければならない．馬場先生には行政学関係やイギリスの政治・行政についておおくのことを教えていただいた．馬場先生には本書の刊行についてつねづね応援していただいた．兵藤先生には，2004年にフッドの書評をお見せした際にコメントをいただいたが，先生が書評に注意を向けていただくことがなければ，博士論文のきっかけをつかむこともできなかった．

　行政機関の関係についても言及しなければならない．総務省行政評価局・行政管理局の各位，内閣府，外務省，防衛省の政策評価有識者懇談会等からはお

おくのことを学ばせていただいた．とくに外務省での実務経験はおおきな財産となった．総務省の関係では，研修講師をさせていただいたり，行政管理研究センターの雑誌に初出一覧にあるような論文を掲載していただいたりしてきた．育てて頂いたという感謝の念が，私のなかにはある．

　2014年には会計検査院の調査としてGPRAMAの研究会に参加させていただいた．座長の田邊國昭先生，当時の検査官であった小林麻里先生，研究会でご一緒した益田直子先生，新日本有限責任監査法人の各位，会計検査院の各位に心より感謝を申し上げる．この研究会での議論およびワシントンD.C.へ派遣していただいたことは，研究上のターニングポイントともなった．その取材内容は第3章にまとめている．さらにその内容については，2017年10月6日の参議院改革協議会の参考人招致においても披露したことを報告しておきたい．

　本書は，晃洋書房の丸井清泰氏に刊行をお勧めいただいたことが出発点となった．刊行までの間，遅延につぐ遅延のなかで忍耐強くお待ちいただいた．おわびとともに感謝を申し上げたい．また，編集部の徳重伸氏にも多大な貢献をいただいたことに御礼を申し上げたい．本当に丁寧に原稿の面倒をみていただいた．

　最後に，法政大学大学院で机を並べた土山希美枝先生，髙野恵亮先生，西山慶司先生の応援に感謝を申し上げたい．それから，原稿を読んで感想をくれた大学院生の田口仁視氏に御礼を申し上げたい．そして，ここまで支えてくれた父・和夫，母・喜美子，妻・由紀子に，感謝の気持ちを伝えたい．

　　2020年1月

　　　　　　　　　　　　　　　　　　　南　島　和　久

本書は科学研究費補助金基盤(C)（一般）（課題番号18K01409）の助成を受けた研究の一環である．記して謝意を表したい．

初 出 一 覧

【第1章　制度運用の行政学】
書き下ろし

【第2章　米国の評価制度の経験，第4章　政策評価の定義と類型】
「政策評価の概念とそのアポリア——分析・評価・測定をめぐる混乱——」
『季刊 評価クォータリー』33，2015年．

【第3章　米国の評価制度の改革】
「米国の GPRAMA にみる制度改革への視座——日本への示唆と業績マネ
ジメント——」『季刊 評価クォータリー』38，2016年．

【第5章　政策評価の戦略と設計】
書き下ろし

【第6章　制度の設計から運用へ】
「政策評価と情報管理」『行政 & ADP』40(10)，2004年．

【第7章　評価の厳格性と客観性】
書き下ろし

【第8章　制度運用における離隔】
「政策評価制度の運用とその課題——公共事業評価と ODA 評価をめぐる
混乱と交錯——」『政治・政策ダイアローグ』法政大学政治学研究科，
2005年．

【第9章　政策の管理とその文化】
「府省における政策評価の中立性および客観性——グリッド／グループ文
化理論に基づく考察——」『法学志林』104(4)，2007年．

参 考 文 献

【邦文献】

秋吉貴雄・伊藤修一郎・北山俊哉［2015］『公共政策学の基礎』有斐閣.

足立幸男［1994］『公共政策学入門』有斐閣.

──────［2009］『公共政策学とは何か』ミネルヴァ書房.

足立幸男・森脇俊雅編（2003）『公共政策学』ミネルヴァ書房.

足立伸［2002］「政策評価の予算編成への活用」『年報行政研究』37.

天野明弘［1999］「中央省庁の改革と政策評価」『会計検査研究』20.

新井英男［2002］「政策評価制度の構築とその推進」『年報行政研究』37.

新出哲也［2001］「北海道における政策評価──その実践と課題──」『季刊行政管理研究』95.

新たな行政マネージメント研究会［2002］『新たな行政マネージメントの実現に向けて』総務省行政管理局 HP（soumu.go.jp/, 2020年 1 月27日閲覧).

有川博［2003］『有効性の検査の展開──政策評価との交錯──』全国会計職員協会.

石川雄章［2000］「道行政における評価システムについて──評価システム構築の現状と課題──」『季刊行政管理研究』89.

石橋章市朗・佐野亘・土山希美枝・南島和久［2018］『公共政策学』ミネルヴァ書房.

井出嘉憲［1976］「行政文化の再検討──行政をめぐる意識の変化──」, 辻清明編集代表『行政学講座 5 行政と環境』東京大学出版会.

伊藤正次［1998］「文化理論と日本の政治行政研究」『季刊行政管理研究』（82).

稲継裕昭［2001］「英国ブレア政権下での新たな政策評価制度──包括的歳出レビュー（CSR）・公共サービス合意（PSAs）──」『季刊行政管理研究』（93).

今井照［2001］『新自治体の政策形成』学陽書房.

今村都南雄［1997］『行政学の基礎理論』三嶺書房.

──────［2001］「問われる日本の行政学」『年報行政研究』36.

──────［2006］『官庁セクショナリズム』東京大学出版会.

今村都南雄・武藤博己・沼田良・佐藤克廣・南島和久［2015］『第三版 ホーンブック行政学』北樹出版.

上田孝行［2003］「事務・事業評価の監視システムの現況調査報告書（衆議院調査局決算行政監視調査室）を踏まえて」『季刊行政管理研究』103.

宇賀克也［2002］『政策評価の法制度──政策評価法・条例の解説──』有斐閣.

上山信一［1998］『行政評価の時代──経営と顧客の視点から──』NTT 出版.

──────［2002］『日本の行政評価──総括と展望──』第一法規.

─────［2004］「ニュー・パブリック・マネジメント（NPM）とわが国の行政改革」『年報行政研究』39.

宇賀克也［2002］『政策評価の法制度』有斐閣.

後千代［1997］「GAO アニュアルレポートに見る検査機関の役割」『会計検査研究』16.

梅田次郎［2002］「意識改革と政策形成──三重県庁における自治体組織運営の変革プロセス──」『公共政策研究』2.

梅田次郎・武内泰夫［1999］「三重県の事務事業評価システム」，斎藤達三編『実践自治体政策評価』ぎょうせい.

梅田次郎・小野達也・中泉拓也［2004］『行政評価と統計』日本統計協会.

大住荘四郎［1999］『ニュー・パブリック・マネジメント──理念・ビジョン・戦略──』日本評論社.

─────［2002］『パブリックマネジメント──戦略行政への理論と実践──』日本評論社.

大橋洋一編［2010］『政策実施』ミネルヴァ書房.

大森彌［1982］「臨調『基本答申』と『行政』の観念」『季刊行政管理研究』19.

─────［1979］「政策」『年報政治学』30.

大山耕輔［2010］『公共ガバナンス』ミネルヴァ書房.

外務省［2003a］『平成14年度 外務省政策評価書』（mofa.go.jp/, 2020年1月27日閲覧）.

─────［2003b］『外務省事後評価平成14年度 実施計画』（mofa.go.jp/, 2020年1月27日閲覧）.

外務省経済協力局評価室［2003a］『ODA 評価ガイドライン』.

─────［2003b］『わが国の経済協力評価』.

加藤芳太郎［1970］「予算改革論と『政治と行政』問題」『年報行政研究』8.

─────［1989］「状況と反省」『会計検査研究』1.

─────（聞き手；納富一郎）［2008］『予算論研究の歩み』敬文堂.

金本良嗣［1990］「会計検査院によるプログラム評価──アメリカ GAO から何を学ぶか──」『会計検査研究』2.

─────［2003］「日本における公共事業評価の現状と課題」『季刊行政管理研究』103.

金本良嗣・蓮池勝人・藤原徹［2015］『政策評価ミクロモデル』東洋経済新報社.

菅直人［1996］『日本大転換』光文社.

─────［1998］『大臣』岩波書店.

規制に関する政策評価の手法に関する研究会［2004］『規制に関する政策評価の手法に関する調査研究報告書』総務省 HP（soumu.go.jp/, 2020年1月27日閲覧）.

北川正恭［1998］「政策評価の実際」，大森彌・中側浩明・森田朗編集代表，佐々木信夫編『政策開発──調査・立案・調整の能力──』ぎょうせい.

─────［2004］『生活者起点の「行政革命」』ぎょうせい.

木谷晋市［1994］「GAO 監査基準の展開とその要因」『会計検査研究』9.

君村昌［2001］『行政改革の影響分析——独立行政法人制度の創設と在り方——』行政管理
　　研究センター.

行政改革会議［1997］「最終報告」，行政改革会議事務局 OB 会編［1998］『行政改革会議活
　　動記録——21世紀の日本の行政——』行政管理研究センター.

行政管理研究センター編［2001］『政策評価ガイドブック——政策評価制度の導入と政策評
　　価手法等研究会——』ぎょうせい.

————［2004］『規制評価のフロンティア——海外における規制影響分析（RIA）の動向
　　——』.

————［2005］『政策評価の基礎用語』行政管理研究センター.

————［2008］『規制の事前評価ハンドブック——より良い規制に向けて——』行政管理
　　研究センター.

窪田好男［2005］『日本型事務事業評価としての政策評価』日本評論社.

————［1998］「NPM 型政策評価と政府の失敗」『会計検査研究』18.

黒田忠司［2003a］「米国における政府業績評価法を中心とした取組」『季刊行政管理研究』
　　102.

————［2003b］「米国会計検査院における評価活動プロセス」『季刊行政管理研究』102.

小池治［2005］「政府の近代化と省庁連携——英国・カナダ・日本の比較分析——」『会計検
　　査研究』31.

国際協力銀行［2002a］『円借款案件事後評価報告書』.

————［2002b］『海外経済協力業務実施指針評価報告書』.

国土交通省［2002］『国土交通省政策評価年次報告書』.

小島昭［1970］「予算における意思決定の理論」『年報行政研究』8.

小松丈晃［2003］『リスク論のルーマン』勁草書房.

左近靖博［2005］「米国連邦政府ブッシュ政権における『予算と業績の統合』の取組み」
　　『UFJ Institute report』10(2).

佐々木亮［2010］『評価理論——評価学の基礎——』多賀出版.

讃岐健［1996］「英国行政機関のエージェンシー化の意義」『季刊行政管理研究』74.

自治体学会編［2004］『年報自治体学』17.

嶋田暁文［2010a］「政策実施とプログラム」，大橋洋一編『政策実施』ミネルヴァ書房.

————［2010b］「執行過程の諸相」，大橋洋一編『政策実施』ミネルヴァ書房.

城山英明・細野助博・鈴木寛［1999］『中央省庁の政策形成過程——日本官僚制の解剖——』
　　中央大学出版部.

城山英明・細野助博［2002］『続・中央省庁の政策形成過程——その持続と変容——』中央
　　大学出版部.

新世紀自治研究会［2000］『行政評価のツボ』ぎょうせい.

新日本有限責任監査法人［2015］『「アメリカの政府業績成果現代化法（GPRAMA）等の運用から見た我が国の政策評価の実施及び会計検査」に関する調査研究』会計検査院 HP（http://report.jbaudit.go.jp/, 2020年１月27日閲覧）.

新谷浩史［2001］「中央府省の政策評価制度の動向『分析』」『会計検査研究』24.

鈴木敦・岡本裕豪・安岡義敏［2001］『NPM の展開及びアングロ・サクソン諸国における政策評価制度の最新状況に関する研究──最新 NPM 事情』『国土交通政策研究──』７, 国土交通政策研究所.

鈴土靖［2001］「米国会計検査院『一般方針・手続・コミュニケーションマニュアル』の概要」『会計検査研究』23.

政策評価研究会（通産省）［1991］『政策評価の現状と課題』木鐸社.

政策評価研究会・行政管理研究センター編［2008］『詳解・政策評価ガイドブック──法律, 基本方針, ガイドラインの総合解説──』ぎょうせい.

政策評価制度の法制化に関する研究会（総務省）［2000］『政策評価制度の法制化に関する研究会報告』.

政策評価の手法等に関する研究会（総務省）［2000］『政策評価の在り方に関する最終報告』（行政管理研究センター編［2001］所収）.

総務省［2003］『政策評価等の実施状況及びこれらの結果の政策への反映状況に関する報告』.

総務省行政評価局［2003a］『各府省が実施した政策評価についての審査の状況：平成14年度第２次分』.

────［2003b］『各府省が実施した政策評価についての審査』.

────［2004］『各府省が実施した政策評価についての審査の総括報告：評価法２年目の状況と今後の課題』.

多賀谷一昭［2002］「政策評価のあり方」『季刊行政管理研究』98.

高橋信夫［2004］『虚妄の成果主義』日経 BP 社.

田中一昭・岡田彰編［2000］『中央省庁改革──橋本行革が目指した「この国のかたち」──』日本評論社.

田中一昭［2001］「政策評価と行政評価・監視」『季刊行政管理研究』96.

田中二郎［1968］『法律による行政の原理』酒井出版.

田中秀明［2005］「業績予算と予算のミクロ改革（上）──コントロールとマネジメントの相克──」『季刊行政管理研究』110.

田邊國昭［1993］「組織間関係としての会計検査」『会計検査研究』８.

────［1996］「政策評価をめぐる社会科学と行政」『創文』374.

────［1998］「政策評価」, 森田朗編著『行政学の基礎』岩波書店.

────［2001］「政策評価の基礎」『国際文化研修』30.

─────［2001］「政策評価制度の構築とその課題」『日本労働研究雑誌』497.

─────［2003］「『新しい公共管理論』の潮流と課題──政策執行，管理，リーダーシップ──」『季刊行政管理研究』103.

田辺智子［2002］「政策評価の手法──アメリカの評価理論と実践をもとに──」『季刊行政管理研究』97.

塚本壽雄［2002］「政策評価の現状と課題」『季刊行政管理研究』97.

中村征之［1999］『三重が，燃えている』公人の友社.

南島和久［2003］「自治と参加の政策評価制度の構想」『法政大学大学院紀要』50.

─────［2004a］「政策評価と自治体経営改革」，西尾勝・神野直彦編集代表，武藤博己編『自治体経営改革』ぎょうせい.

─────［2004b］「政策評価と情報管理──視点と論点──」『行政＆ADP』40.

─────［2005］「政策評価の制度運用」，総務省大臣官房企画課『行政におけるインセンティブ管理に関する調査研究報告書』.

─────［2007］「府省における政策評価の中立性および客観性──グリッド／グループ文化理論に基づく考察──」『法学志林』104(4).

─────［2009a］「自治の課題（評価）」，佐藤竺監修，今川晃・馬場健編『新訂版市民のための地方自治入門』実務教育出版.

─────［2009b］「イギリスにおける政策評価のチェックシステム」，総務省行政評価局／行政管理研究センター『諸外国における政策評価のチェックシステムに関する調査研究』.

─────［2009c］「行政の信頼確保と政策評価に関する考察──アカウンタビリティ・システムの再構築──」『季刊行政管理研究』128.

─────［2010］「NPMをめぐる2つの教義──評価をめぐる『学』と『実務』──」，山谷清志編『公共部門の評価と管理』晃洋書房.

─────［2011］「府省における政策評価と行政事業レビュー──政策管理・評価基準・評価階層──」『会計検査研究』43.

─────［2013］「政策評価とアカウンタビリティ──法施行後10年の経験から──」『日本評価研究』13(2).

─────［2015］「政策評価の概念とそのアポリア──分析・評価・測定をめぐる混乱──」『評価クォータリー』33.

─────［2016］「米国のGPRAMAにみる制度改革への視座──日本への示唆と業績マネジメント──」『評価クォータリー』38.

─────［2017］「行政管理と政策評価の交錯──プログラムの観念とその意義──」『公共政策研究』17.

─────［2017］「行政におけるエビデンスとアウトカム──自殺対策の評価からの考察

　　　　　　」『季刊行政管理研究』158.

───── ［2018］「外交の観点からの評価に寄せて」，外務省委託事業・グローバルグループ
　　　21ジャパン『平成29年度外務省ODA評価』無償資金協力個別案件の評価（第三者評価）
　　　報告書』.

───── ［2019］「参議院と行政監視機能──政策の合理化と透明化を中心に──」『評価ク
　　　ォータリー』49.

新川達郎編著 ［2011］『公的ガバナンスの動態研究──政府の作動様式の変容──』ミネル
　　　ヴァ書房.

西尾隆 ［1995］「行政統制と行政責任」，西尾勝・村松岐夫編『講座行政学 第6巻』有斐閣.

───── ［2003］「公務員制度改革と『霞ヶ関文化』」『年報行政研究』38.

西尾勝 ［1990a］『行政学の基礎概念』東京大学出版会.

───── ［1990b］「アカウンタビリティの概念──第一回公会計監査フォーラムの基調講演
　　　より──」『会計検査研究』1.

───── ［1995］「省庁の所掌事務と調査研究企画」，西尾勝・村松岐夫編『講座行政学 第
　　　4巻』有斐閣.

───── ［1999a］「制度改革と制度設計──地方分権推進委員会の事例を素材にして（上）
　　　──」『UP』321.

───── ［1999b］「制度改革と制度設計──地方分権推進委員会の事例を素材にして（下）
　　　──」『UP』322.

───── ［2001］『新版 行政学』有斐閣.

西尾勝編 ［2000］『行政評価の潮流──参加型評価システムの可能性──』行政管理研究セ
　　　ンター.

西垣昭・下村恭民・辻一人 ［1993］『第三版 開発援助の経済学──「共生」の世界と日本の
　　　ODA──』有斐閣.

西山慶司 ［2003］「政府部内における『エージェンシー化』と統制の制度設計──日英比較
　　　におけるNPMの理論と実際──」『公共政策研究』3.

───── ［2004］「独立行政法人制度における評価の機能──中期目標期間終了時の見直し
　　　の意義とその課題──」『季刊行政管理研究』108.

日本国際交流センター編 ［1982］『アメリカの議会・日本の国会：機能と実態』サイマル出
　　　版会.

日本行政学会編 ［2004］『年報行政研究』39.

畠山弘文 ［1989］『官僚制支配の日常構造』三嶺書房.

東田親司 ［1999］「政策評価制度の導入をめぐる論点」『季刊行政管理研究』86.

───── ［2002］『現代行政と行政改革──改革の要点と運用の実際──』芦書房.

廣瀬克哉 ［1998］「政策手段」，森田朗編『行政学の基礎』岩波書店.

藤野雅史［2008］「米国連邦政府における原価計算の制度と実践」『会計検査研究』38.

古川俊一［2001］「地方自治体の行政評価」『日本評価研究』1.

───［2002］「公共部門における評価の類型・理論・制度」『公共政策研究』2.

古川俊一・北大路信郷［2001］『公共部門評価の理論と実際』日本加除出版.

堀田誠二・平井文三［2002］「北欧諸国の政策評価について」『季刊行政管理研究』100.

毎熊浩一［2002］「NPM 型行政責任再論──市場式アカウンタビリティとレスポンシビリティの矛盾──」『会計検査研究』25.

───［2001］「NPM のパラドックス？」『年報行政研究』36.

前田成東［2002］「自治体運営のあり方を展望する」，佐藤竺監修，今川晃・馬場健編『市民のための地方自治入門（改訂版）』実務教育出版.

牧原出［1991］『政治・ネットワーク・政策──R.A.W.ローズの政府間関係論と80年代イギリス行政学──』東京大学都市行政研究会.

───［2009］『行政改革と調整のシステム』東京大学出版会.

益田直子［2010］『アメリカ行政活動検査院──統治機構における評価機能の誕生──』木鐸社.

松下圭一［1991］『政策型思考と政治』東京大学出版会.

───［1995］『現代政治の基礎理論』東京大学出版会.

───［2003］『シビル・ミニマム再考──ベンチマークとマニフェスト──』公人の友社.

丸山眞男［1961］『日本の思想』岩波書店.

真山達志［1983］「政策インプリメンテーション研究」『中央大学大学院研究年報』12（Ⅰ-1）.

───［1986］「行政研究と政策実施分析」『法学新報』92（56）.

───［1991］「政策実施の理論」，宇都宮深志・新川達郎編『行政と執行の理論』東海大学出版会.

───［1994］「実施過程の政策変容」，西尾勝・村松岐夫編『講座行政学 第5巻』有斐閣.

───［2001］「自治体における事業評価導入の多面的意義」『会計検査研究』24.

───［2002］「中央省庁・公務員制度の再編」，今村都南雄編『日本の政府体系：改革の過程と方向』成文堂.

真山達志［2013］「政策実施過程での政策の変容」，新川達郎編『政策学入門』法律文化社.

真山達志・山谷清志・今川晃他［2013］『政策学入門』法律文化社.

三重県地方自治研究会［1999］『「事務事業評価」の検証──三重県の行政改革を問う──』自治体研究社.

宮川公男［1969］『PPBS の原理と分析』有斐閣.

───［1994］『政策科学の基礎』東洋経済新報社.

武藤博己［1994］「公共事業」，西尾勝・村松岐夫編『講座行政学 第3巻』有斐閣.

─────［2000］「公共事業の分権──河川行政を中心に──」，日本自治学会編『公共事業と地方自治 地方自治叢書13』敬文堂.

─────［2001］「政策評価の手法開発」，松下圭一・西尾勝・新藤宗幸編『自治体の構想3』岩波書店.

武藤博己編［2014］『公共サービス改革の本質──比較の視点から──』敬文堂.

村上芳夫［2003］「政策実施（執行）論」，足立幸男・森脇俊雅編『公共政策学』ミネルヴァ書房.

茂木康俊［2013］「政府業績成果近代化法（GPRAMA）制定後の米連邦政府における戦略計画・目標設定・評価結果の活用：政府業績成果法（GPRA）20年の運用と今後の課題」，『評価クォータリー』24.

森田朗［1982］「執行活動分析試論(1)」『国家学会雑誌』95(3/4).

─────［1988］『許認可行政と官僚制』岩波書店.

─────［1994］「システムとしての政治行政組織」『岩波講座 社会科学の方法Ⅹ 社会システムと自己組織性』岩波書店.

─────［2007］「制度設計の行政学」慈学社.

森脇俊雅［2010］『政策過程』ミネルヴァ書房.

村松岐夫［1999］『行政学教科書──現代行政の政治分析──』有斐閣.

─────［2001］「政策評価の理論的枠組みについて」『季刊行政管理研究』94.

蠟山政道［1954］「政策学」，中村哲・丸山眞男・辻清明編『政治学事典』平凡社.

竜慶昭・佐々木亮［2004］『増補改訂版「政策評価」の理論と技法』多賀出版.

山口二郎［1999］「北海道における政策評価システムの検討」『会計検査研究』20.

山口英彰［2000］「農林水産行政に係る政策評価の実施について」『季刊行政管理研究』91.

山中洋信［1999］「『政策評価の現状と課題～新たな行政システムを目指して』について」，『季刊行政管理研究』88.

─────［2002］「府省自らが行う政策評価について：経済産業省における先行的取組み」『年報行政研究』37.

山本清［2013］『アカウンタビリティを考える』NTT出版.

山谷清志［1987］「合衆国連邦政府における行政統制システムの動向──プログラム評価をめぐって──」『季刊行政管理研究』37.

─────［1988］「議会の復権とその評価── 1970年代におけるアメリカ連邦議会の改革をめぐって──」『季刊行政管理研究』43.

─────［1990］「行政責任論における統制と倫理──学説史的考察として──」『修道法学』13(1).

─────［1997］『政策評価の理論とその展開──政府のアカウンタビリティ──』晃洋書

房.

―――― [1998]「わが国の政策評価の現状分析――誤解と限界――」『季刊行政管理研究』84.

―――― [1999]「自治体の政策責任」『年報自治体学』12.

―――― [2002a]「政策評価の理論とその導入」，今村都南雄編『日本の政府体系』成文堂.

―――― [2002b]「行政の評価と統制」，福田耕治・馬渕勝・縣公一郎編『行政の新展開』法律文化社.

―――― [2002c]「わが国の政策評価」，『日本評価研究』2(2).

―――― [2005]『政策評価の実践とその課題：アカウンタビリティのジレンマ』萌書房.

―――― [2012]『政策評価』ミネルヴァ書房.

山谷清志編 [2010]『公共部門の評価と管理』晃洋書房.

吉牟田剛 [2002]「ブッシュ政権下の米連邦政府マネジメント（改革）に関する動向」，『季刊行政管理研究』97.

若生俊彦 [2000]「政策評価の導入に向けた検討状況について――『政策評価の手法等に関する検討会』の検討状況を中心として――」『季刊行政管理研究』90.

【欧文献】

Abella, A. [2008] *Soldiers of Reason: The RAND Corporation and The Rise of The American Empire*, New York: Houghton Mifflin Harcourt（牧野洋訳『ランド――世界を支配した研究所――』文藝春秋，2008年）.

Allison, G. and Zelikow, P. [1999] *Essence of Decision: Explaining The Cuban Missile Crisis*, 2nd ed., New York: Longman（漆崎稔訳『第2版 決定の本質――キューバミサイル危機の分析――』日経BPマーケティング，2016年）.

Barrzelay, M. [2000] *The New Public Management: Improving Research and Policy Dialogue*, Berkeley: University of California Press.

Berk, R. A. and Rossi, P. [1999] *Thinking about Program Evaluation*, Thousand Oaks, Calif.: Sage Publications.

Behn, R. D. [2014] *The PerformanceStat Potential: A Leadership Strategy for Producing Results*, Cambridge, Mass.: Harvard University.

Birkland, T. [2016] *An Introduction to the Policy Process: Theories, Concepts, and Models of Public Policy Making*, 4th ed., New York; London: Routledge.

Boardman, A. E., Greenberg, D., Vining, A. and Weimer, D. [2001] *Cost-Benefit Analysis: Concepts and practice*, 2nd ed., Boston: Prentice Hall（岸本光永監訳，出口亨・小滝日出彦・阿部俊彦訳『費用・便益分析――公共プロジェクトの評価手法の理論と実践――』ピアソン・エデュケーション，2004年）.

Brass, C. [2011] *Obama Administration Agenda for Government Performance: Evolution and Related Issues for Congress,* CRS（memorandum）.

Douglas, M. [1970] *Natural Symbols,* London: Barrie & Rockliff（江河徹訳『象徴として の身体──コスモロジーの探究──』紀伊國屋書店，1983年）.

─────[1979] *The World of Goods,* New York: Basic Books（浅田彰・佐和隆光訳『儀 礼としての消費──財と消費の経済人類学──』新曜社，1984年）.

Douglas, M. and Wildavsky, A. [1982] *Risk and Culture: An Essay on the Selection of Technological and Environmental Dangers,* Berkeley: University of California Press.

Dunsire, A. [1978] *Control in a Bureaucracy,* Oxford: Martin Robertson.

Finer, H. [1940] "Administrative Responsibility in Democratic Government," *P. A. R.,* 1.

Friedrich, C. J. [1940] "Public Policy and The Nature of Administrative Responsibility," in Friedrich, C. J. and Mason, E. S., *Public Policy,* Cambridge: Harvard University Press.

Frubo, J.-E., Rist, R. C. and Sandahl, S. eds. [2002] *International Atlas of Evaluation,* New Brunswick; London: Transaction.

GAO [1996] *Executive Guide: Effectively Implementing the Government Performance and Result Act,* June.

─────[1997] *The Government Performance and Results Act: 1997 Governmentwide Implementation Will be Uneven*（GGD-97-109）.

Guba, E. G. and Lincoln, Y. [1987] "The Countenances of Fourth-Generation Evaluation: Description, Judgment, and Negotiation," in Plumbo, D. J. ed., *The Politics of Program Evaluation,* Newbury Park, Calif.: Sage Publications.

Hatry, H. P. [1999] *Performance measurement: Getting Results,* Washington, D. C.: The Urban Institute（上野宏・上野真城子訳『政策評価入門』東洋経済新報社，2004年）.

Hill, M. and Hupe, P. [2014] *Implementing Public Policy: An Introduction to The Study of Operational Governance,* 3rd ed., Los Angeles: Sage.

Hinrichs, H. H. and Taylor, G. eds. [1969] *Program Budgeting and Benefit-Cost Analysis,* Pacific Palisades, Calif.: Goodyear Publishing Company（加藤芳太郎・前田泰男・渡辺 保男訳『予算と経費分析──自治体と PPBS ──』東京大学出版会，1974年）.

Hitch, C. [1965] *Decision-Making for Defense,* Los Angeles: University of California Press（福島康人訳『戦略計画と意思決定』日本経営出版，1971年）.

Hood, C. [1983] *The Tools of Government,* London; Basingstoke: Macmillian.

─────[1986] *Administrative Analysis: An Introduction to Rules, Enforcement and Organizations,* Brighton, Sussex: Harvester Wheatsheaf（森田朗訳『行政活動の理論』 岩波書店，2000年）.

———— [1991] "A Public Management for All Seasons?," *Public Administration*, 69(1).

———— [1998] *The Art of the State: Culture, Rhetoric, and Public Management*, New York; Tokyo: Oxford University Press.

Hood, C. and Jackson, M. [1991] *Administrative Argument*, Brookfield, Vt: Dartmouth.

Hood, C., Scott, C., James, O. and Travers, T. [1999] *Regulation Inside Government: Waste-Watchers, Quality Police, and Sleaze-Busters*, Oxford; Tokyo; New York: Oxford University Press.

Hood, C., Rothstein, H. and Baldwin, R. [2001] *The Government of Risk: Understanding Risk and Regulation Regimes*, Oxford; New York: Oxford University Press.

Jacob, S., Sandra, S. and Frubo, J. E. [2015] "The Institutionalization of Evaluation Matters: Updating the International Atlas of Evaluation 10 years later," *Evaluation*, 21(1).

Lipsky, M. [1980] *Street Level Bureaucracy*, Cambridge, New York: Russell Sage Foundation（田尾雅夫訳『行政サービスのディレンマ――ストリートレベルの官僚制――』木鐸社, 1998年）.

March, J. G. and Simon, H. [1958] *Organizations*, New York: John Willy and sons（土屋守章訳『オーガニゼーションズ』ダイヤモンド社, 1977年）.

Mazmanian, D. and Sabatier, P. [1989] *Implementation and Public Policy With a New Postscript*, Lanham, MD; Toronto: University Press of America.

Mosher, F. C. [1979] *The GAO: The Quest For Accountability In American Government*, Boulder, Colo.: Westview Press.

Newcommer, K. E., Hatry, H. and Wholey, J. S. [2015] *Handbook of Practical Program Evaluation*, Hoboken, New Jersey: Jossey-Bass.

OMB [2004] *Circular (A-11)*.

———— [2008] *Guide to the Program Assessment and Rating Tool (PART)*.

———— [2009] *Terminations, Reductions, and Savings*.

———— [2001a] *A Blueprint for New Beginnings: A Responsible Budget for America's Priorities*.

———— [2001b] *The President's Management Agenda: Fiscal Year 2002*.

Osborne, D. and Gaebler, T. [1992] *Reinventing Government: How the Entrepreneurial Spirit Is Transforming the Public Sector*, New York: Perseus Books（野村隆監修・高地高司訳 [1994]『行政革命』日本能率協会マネジメントセンター, 1994年）.

Patton, M. Q. [1997] *Utilizatin-Focused Evaluation*, Thousand Oaks, Calif.: Sage Publications（大森彌監修, 山本泰・長尾眞文編『実用重視の事業評価入門』清水弘文堂書房, 2001年）

Poundstone, W. [1992] *Prisoner's Dilemma*, New York: Doubleday（松浦俊輔訳『囚人の
ジレンマ——フォン・ノイマンとゲームの理論——』青土社，1995年）．

Pressman, J. L. and WIldavsky, A. [1984] *Implementation*, 3rd ed., expended, Berkeley,
Calif.: University of California Press.

Rhodes, R. A. W. [1997] *Understanding Governance: Policy Networks, Governance,
Reflexivity and Accountability*, Buckingham: Open University Press.

Rossi, P. H., Lipsey, M. and Freeman, H. [2004] *Evaluation: A Systematic Approach;
Seventh Edition*, Thousand Oaks, Calif.: Sage Publications（大島巌・森俊夫・平岡公
一・元永拓郎訳『プログラム評価の理論と方法』日本評論社，2005年）．

Sabatier, P. and Jenkins-Smith, H. [1999] "Advocacy Coalition Framework," in Sabatier,
P. ed., *Theories of the Policy Process*, Boulder, Colo.: Westview Press.

Sen, A. [1987] *On Ethics and Economics*, New York: Blackwell（徳永澄憲・松本保美・
青山治城訳『経済学の再生——道徳哲学への回帰——』麗澤大学出版会，2002年）．

Silberman, B. S. [1993] *Cages of Reason: The Rise of Rational State in France, Japan,
The United States, and Great Britain*, Chicago: University of Chicago Press（武藤博
己・新川達郎・小池治・西尾隆・辻隆夫訳『比較官僚制成立史——フランス，日本，ア
メリカ，イギリスにおける政治と官僚制——』三嶺書房，1999年）．

Simon, H. A. [1943] *Reason in Human Affairs*, Stanford, Calif.: Stanford University Press
（佐々木恒夫・吉原正彦訳『意思決定と合理性』筑摩書房，2016年）．

Simon, H. A. and Ridley, C. E. [1943] *Measuring Municipal Activities: A Survey of
Suggested Criteria for Appraising Administration*, Chicago: ICMA（本田弘訳『行政評
価の基準——自治体活動の測定——』北樹出版，1999年）．

Smith, J. A. [1990] *The Idea Brokers*, New York: Macmillian（長谷川文雄・石田肇他訳
『アメリカのシンクタンク——大統領と政策エリートの世界——』ダイヤモンド社，1994
年）．

Thompson, M., Ellis, R. and Wildavsky, A. [1990] *Cultural Theory*, Boulder, Colo.:
Westview Press.

Wallis, J. [1997] "Conspiracy and The Policy Process: A Case Study of NewZealand
Expriment," *Journal of Public Policy*, 17(1).

Weiss, C. H. [1997] *Evaluation*, 2nd. ed., Upper Saddle River, N. J.: Prentice Hall（佐々木
亮監修，前川美湖・池田満監訳『入門 評価学』日本評論社，2014年）．

Wildavsky, A. [1964] *The Politics of the Budgetary Process*, Boston: Little Brown and
Company（小島昭訳『予算編成の政治学』勁草書房，1972年）．

人 名 索 引

事 項 索 引

《著者紹介》

南 島 和 久 （なじま　かずひさ）

　1972年　福岡県北野町（現久留米市）生まれ
　2006年　法政大学大学院社会科学研究科政治学専攻博士後期課程修了（博士（政治学））
　現　在　新潟大学教授（法学部・大学院現代社会文化研究科）

主要業績（共著）

『よくわかる政治過程論』（ミネルヴァ書房，2018年），『公共政策学』（ミネルヴァ書房，
2018年），『「それでも大学が必要」と言われるために（増補版）』（創成社，2018年），
『ホーンブック基礎行政学（第3版）』（北樹出版，2015年），『公共サービス改革の本質』
（敬文堂，2014年），『組織としての大学』（岩波書店，2013年），『東アジアの公務員制
度』（法政大学出版局，2013年），『「質問力」からはじめる自治体議会改革』（公人の友
社，2012年），『公共部門の評価と管理』（晃洋書房，2010年），『新訂版市民のための地
方自治入門』（実務教育出版，2009年），『ローカル・ガバメントとローカル・ガバナン
ス』（法政大学出版局，2008年），『詳解・政策評価ガイドブック——法律，基本方針，
ガイドラインの総合解説——』（ぎょうせい，2008年）ほか多数.

ガバナンスと評価 5

政策評価の行政学
——制度運用の理論と分析——

2020年4月30日　初版第1刷発行　　　＊定価はカバーに
　　　　　　　　　　　　　　　　　　　表示してあります

　　　　　　　　　著　者　南　島　和　久 ©
　　　　　　　　　発行者　萩　原　淳　平
　　　　　　　　　印刷者　江　戸　孝　典

　　　　　　　　発行所　株式会社　晃　洋　書　房

　　　　　〒615-0026　京都市右京区西院北矢掛町7番地
　　　　　　　　　　　電話　075(312)0788番(代)
　　　　　　　　　　　振替口座　01040-6-32280

装丁　クリエイティブ・コンセプト　　印刷・製本　共同印刷工業㈱
ISBN978-4-7710-3344-3

JCOPY 〈(社)出版者著作権管理機構 委託出版物〉
本書の無断複写は著作権法上での例外を除き禁じられています.
複写される場合は，そのつど事前に，(社)出版者著作権管理機構
(電話 03-5244-5088, FAX 03-5244-5089, e-mail: info@jcopy.or.jp)
の許諾を得てください.